尾崎秀実とゾルゲ事件

近衛文麿の影で暗躍した男

太田尚樹

吉川弘文館

まえがき

昭和初期から日米開戦直前にかけて、上海と東京に暗躍したゾルゲ国際諜報団。そのなかの日本人の主役・尾崎秀実《おざきほつみ》の人物評価は、「国賊」「売国奴」から、「世界平和のために戦った殉教者」にいたるまで幅広い。魯迅《ろじん》が上海時代の彼を評して、「尾崎のような人物を生み出した日本は、まだ棄《す》てたものでない」と内山書店の店主内山完造に語ったように、一人ひとりの国家観、思想的立場によって見方は多様化する。

言うまでもなく尾崎秀実は、日本が戦争へひたはしる道程に登場した、著名なジャーナリストであった。盧溝橋《ろこうきょう》事件勃発に端を発した行き先のみえない日華事変、運命の日独伊三国同盟締結と北部・南部仏印（現ベトナム）進駐、そして暗礁に乗り上げた開戦前夜の日米交渉と、昭和に入ってもっとも大きな国際的出来事は、近衛《このえ》文麿《ふみまろ》の総理時代に起きた。そのとき近衛の影に控えていたのが尾崎秀実である。

したがって本書では、尾崎が近衛内閣時代の大きな出来事や事件に、それぞれどんな立場をとったかを注視し、彼が何を考え、何を望み、どう行動してその結果はどうなったか、をみていくことになる。

中国問題専門家の尾崎は、日中戦争を止めようとしたのか、拡大させようとしたのかもそのひとつだが、彼が反戦論者か敗戦論者かよりも、その後の歴史の展開にどう関わったかが問題になる。

さらに尾崎情報がソ連の戦略、政策にどのように生かされたのかも解明されなければ、尾崎の真の評価は定まらないが、ロシア側の資料、中国側の資料のさらなる出現が不可欠である。

ゾルゲ事件には多国籍にわたる人間たちが登場するが、尾崎との接点が最も多いのは、当然ながら日本人である。昨今、多くの研究者による尾崎の周辺部にいた人間たちの資料発掘や調査により、従来の尾崎秀実の実像と虚像との落差が、以前よりもずっと鮮明になってきている。

それと同時に、戦後まもなく尾崎の異母弟・秀樹《ほつき》が諜報団のメンバーのひとり川合貞吉《かわいていきち》の著書と言い分をそのまま鵜呑みにして、『生きているユダ』の序文に「兄の仇を討つ」と書き、諜報団のほころびを伊藤律《いとうりつ》説に押しつけていた史実の誤りも、社会運動資料センター渡部富哉代表らの研究によって明らかにされた。

上海時代の尾崎秀実の後継者とされ、拷問と獄中生活を余儀なくされた後、無罪を勝ち取った野沢房二の「遺稿」、「特高上申書」が先の渡部によって発掘され、川合貞吉の『ある革命家の回想』に記述された、ストーリーの局面や核心部分が否定されている現実も存在する。

だが川合証言と、ゾルゲや他の逮捕者との供述内容には、大まかに一致する部分も少なくない上、異様な条件下で書いた尾崎の上申書や、取られた調書も、他者の供述内容と大きくずれていないものは使用することにした。同じく、事件に連座した宮城与徳《みやぎよとく》は「川合貞吉は金のために近づいてくる男」と言っているが、人間の幅が広い尾崎は彼を重用していた。史実の面では批判が多い川合であるが、尾崎の近くに仕えた男として、尾崎を語るには避けて通れない存在であることは間違いない。

もとより警察や検事の訊問調書の類は権力側の手中にあるから、被疑者にとっては闘いの場となる。

とくに尾崎の場合には、仲間や組織を庇《かば》うためもあって、供述したのは全体のごく一部にすぎないはずで、調書に書かれている供述内容についても、信憑性を考慮する必要があるのは当然である。

事件に連座した中西功《なかにしつとむ》（戦後、参議院議員）は「尾崎秀実論を書く場合、異様な条件下で書いた尾崎の上申書や、取られた調書を引用する」ことの不条理さを主張している。実態はそれに近かったであろうが、尾崎の復権を強調する中西は、あくまで当時の日本共産党の代弁者の立場であることは、考慮する必要がある。

とはいえ、事情を知る事件関係者が、取り調べの段階で特高警察が作成した筋書に協力したり、歪曲《わいきょく》され、あるいは被疑者自らが発した偽情報の可能性もあり得る。ましてやゾルゲ事件が発覚したのが開戦前夜であり、裁判は戦時下で行われ、刑死したゾルゲ、尾崎のほかにも、事件関係者のうち一〇人が獄中死していた事実もある。

このような異常な事態を考えれば、特高警察や検察の常套《じょうとう》手段である拷問と、でっち上げによって事実が歪《ゆが》められた例は、ほかの事件でも実証されたケースが少なくない。

だが事件関係者から具体的な反論の指摘がないかぎり、戦後、研究者たちの側には、真実を追求する上で限界があるのも事実である。ちなみに事件関係者の上申書（手記）、訊問調書の類は『現代史資料』1～3および『現代史資料』24から引用することとした。

そもそも諜報活動は、表に出てしまっては意味はなくなるから、見逃された事例はきわめて多いはずである。実際、成功した場合は、はじめから何もなかったことにして処理されるから、文字通り「生きているうちは腹に納め、死して棺に納める」、つまり諜報員たるもの、秘密は墓場までもっていくのが鉄則なのである。

したがって世界どの国でも、スパイ活動の影が一部でも見えた段階で、官憲は峻厳な取り調べをするのが通例であり、「拷問」「捏造《ねつぞう》」「過酷な獄中環境」は、けっして日本だけの問題というわけではない。

ゾルゲ事件の場合も警察訊問調書、検察訊問調書は激しい拷問の嵐の下で取られたものであるから、その内容を超えなければ、真の尾崎秀実は見えてこない。だが尾崎の心の奥に隠されている志や情念を忖度《そんたく》するには限度があり、他者の供述内容と事実関係の比較にとどまることはやむを得ないが、そこから何が見えてくるかについては、注視したつもりである。

それでも、内外の研究者によるゾルゲ研究が進む今、尾崎秀実研究もまだ道半ばにあるもどかしさは、禁じえないところである。

目次

1 若き日々

1　尾崎一家のこと

東京・高輪《たかなわ》は寺と坂の多い町である。なかでも赤穂浪士たちが眠る浅野家の菩提寺「泉岳寺《せんがくじ》」周辺と背後の高台のあたりは、江戸時代には小寺が密集する寺町であった。

緩やかな伊皿子坂《いさらござか》を上って突き当りの泉岳寺の山門の手前を右手に半丁ほど上ると、左手には現在パーク・コート高輪というマンションが建っている。近くの仏具屋の老主人によると、マンションが建ったとき、新しい住民のなかには「寺の跡だから気味が悪い」と言う者がいたそうである。

ここは明治から昭和初期までの住居表示では芝区伊皿子町二七番地、現在の表示では港区高輪二丁目一番地一六号。

尾崎秀実は明治三十四年（一九〇一）五月一日、報知新聞記者秀真《ほつま》の二男として、この地に生まれた。泉岳寺に隣接するここ光雲寺は、当時は廃寺のままで、父親には通勤の便がよく、家賃が安かったので借り受けたものだった。

辺り一帯静まり返った土地柄も気に入ったらしく、自ら「詩人の閑居するには最も適切な所であったので、〝皿山詩窟〟という名の標札をかけて報知社に通った」と父秀真は綴っている。皿は伊皿子、山は背後の高台に由来する。だが二男秀実が生まれると半年足らずして一家は台湾に渡ることになり、秀実にこの地の記憶はない。

戦後、父親が尾崎秀実伝編纂会の求めに応じて綴った一文『秀実の生い立ち』によれば、尾崎家は郷《ごう》士《し》の家柄で、代々庄屋を務め名字帯刀を許されていた。秀真の母方の祖父で医師の太田良造の家系は楠《くす》木《き》正成《まさしげ》につながり、正成の三男正儀《まさのり》をへて、その子正秀が領地にしていた岐阜県加茂郡西白川村字河岐《かわまた》が、尾崎の父秀真の出生地である。

尾崎秀実の家系をたどれば楠木正成に行き当たるということは、天皇を守った忠臣の末裔《まつえい》であるが、軍部主導の国家体制下にあったとはいえ、尾崎秀実は国に弓を引く立場になる。

しかし一高時代の尾崎は、まだ革新思想に傾倒することもなく、同級生の風間道太郎によれば、尾崎は背中と袖に五三の桐の紋が付いた、黒い木綿の羽織を誇らしげに羽織って教室に出てきた（風間道太郎『尾崎秀実伝』）。それは楠木正儀の直系に属する尾崎家の家紋だったが、残された当時の写真でも、柏の校章の付いた白線帽に、いつもの羽織袴、草履姿で微笑んでいる。

尾崎の母親キタは、下総国（現茨城県）古河《こが》の徳川譜代の臣土井大炊頭《おおいのかみ》の祐筆《ゆうひつ》・野村義路《のむらよしみち》の家系に生まれ、武家の娘として厳しい躾《しつけ》のうちに育てられた人であった。

尾崎は両親の思い出を、獄中から妻に宛てた書簡（昭和十九年七月七日）に書いている。

私のお母さんは、正直な、明るい、親切な、涙もろい、あきらめのいい人だった。そうして物惜しみをしない（その裏にはやりっぱなしのところあり）賑やか好きの人だった。だから多くの人に懐かしがられ親しまれた。お父さんの方は、いかにも円満のようでいて、腹の底にしれないところがあり、しかも根は農民的な頑固さと負けん気をもっているのであるから、台北の家のすばらしい人気は、今から考えると大部分お母さんに依存していたように思われる。

風間道太郎によれば、周囲の人間が受けた印象も同様で、「農民的な頑固さこそ見られなかったが、大方はそっくり両親ゆずりの性格だった」という（『尾崎秀実伝』）。

尾崎はいつも笑みを絶やさず誰とでも気さくに話し、友人が多かったところは多分に母親に似たようだが、学友の松本慎一が言った、「尾崎が集まりに入ってくると、電燈が十燭光明るくなるようだった」という話を、同じ同級生の高橋健二が書いている。

だが気になるのは、尾崎が指摘する父親の「腹の底にしれないようなところ」である。一高同期で、寮でも同じ部屋で寝起きした牛場友彦《うしばともひこ》は、昭和十二年（一九三七）六月、第一次近衛内閣が成立したとき総理秘書官を務めたが、尾崎を内閣嘱託に推薦したことで知られる。その牛場は、「尾崎は顔は笑っていても、目が笑っていなかった」と回想する。

尾崎家の名前のことにも触れておくと、秀実の兄が秀波《ほなみ》、弟が秀束《ほつか》と、楠木正秀以後、男子には「秀」がついた。さらに姓名にまつわる話でいえば、後年尾崎が左翼文献を翻訳するときには、白川次郎のペンネームが使われている。上海時代に親しくなったアメリカ人女性ジャーナリストで、アメリカ共産党員のアグネス・スメドレーの著書『*Daughters of Earth*』を、『女一人大地を行く』のタイトルで翻訳したときも、同じペンネームが使われた（昭和九年〈一九三四〉八月、改造社から刊行）。

非合法活動や諜報活動に従事する人間は、自身につながる事象からとった姓名を使う習性があるといわれるが、「白川」は父の生まれ故郷、「次郎」は自身が次男であることに由来する。

尾崎が生れて五ヵ月後、一家は泉岳寺に隣接する古寺を引き払い、父の赴任先の台湾に渡って行った。台湾行きの経緯について、父秀真によれば、児玉源太郎《こだまげんたろう》の初代台湾総督時代、後藤新平《ごとうしんぺい》が民政長官として赴任することになり、児玉と後藤の方針で、現地の民意啓発のため、漢文と和文の新聞を発行することになった。それが総督府直系の「台湾日日新報」で、後藤の推薦を受けて、中国の古典に造詣の深い秀真が同社の漢文部主幹に採用された。このあたりの事情については、後藤の甥の鶴見祐輔《つるみゆうすけ》が著した『後藤新平伝』のなかの、「台湾統治篇」にも同様のことが書かれている。

尾崎一家は、台北郊外にある児玉総督の別荘「南菜園」で、管理人を兼ねて住むことになった。そこには後藤新平も夫人と一緒に、当時、台湾にはまだ数台しかなかった自転車に乗って遊びに来た。あるとき、子供の尾崎は後藤をまじまじと見つめて、「これが後藤新平か」と言ったので、両親は困った表情で恐縮をしていたが、後藤はにこにこ笑っていたと、尾崎は書いている（妻英子《えいこ》当て書簡。昭和十八年十月二十六日）。

その後も、後藤は来るたびに、「おい坊主、元気にしているか」と言って頭を撫でてくれた上に、物怖じしない尾崎を膝に乗せてひとしきり遊んでくれた。以後も後藤新平と尾崎家のかかわりはつづき、尾崎の東大時代には、後藤が毎月五〇円、学費と生活の面倒をみてくれたと、父秀真が先の一文に書いている。

尾崎は、上京して第一高等学校に入学するまでの十八年間、日本の植民地台湾で過ごした。その間の体験から、被支配者としての台湾人に対して心を痛めることになったらしく、のちに東京地検検事の訊問に、「このことが従来の民族意識に対する異常な関心を呼び起こす要因となり、また支那問題に対する理解の契機となったように思います」と述べている。

支配者としての日本人の、台湾人に向けられた視線を物語る出来事は、身近なところでも起きていた。尾崎が台北中学（のちの台北一中）の生徒だった頃、父親が人力車で帰ってきたときのことである。正当な賃金を払ったのに、「もっと払え」と言って、うるさくまとわり付いてくる車力（車夫）に向かって、普段は温厚な父が、黙ってステッキを振って追い払ったのを目撃したのである。このとき尾崎は飛び出していって、「何をするんですか！」と、父親に激しく食ってかかったという（『現代史資料』2、尾崎秀実上申書㈠）。

日本最初の植民地で多感な少年時代を送ったことは、後年、彼が革新思想に傾倒していった潜在的必然性のひとつとみて差し支えあるまい。

台北中学時代、常に首席を通した尾崎は、とくに英語と漢文が得意であった。英語は文学作品からテーブル・マナーに至るまで、寮の舎監も兼ねる英国人夫妻から鍛えられ、漢文は父から、『漢楚軍談《かんそぐんだん》』や『十八史略《じゅうはっしりゃく》』を読まされていたせいでもあった（前出上申書㈠）。

後に上海と東京で、ゾルゲ国際諜報団とかかわる尾崎は、英語とドイツ語を駆使していたが、大阪朝日新聞社の上海支局時代の同僚宮崎世竜《みやざきせりゅう》（宮崎滔天《とうてん》の甥）が風間道太郎に語った話によれば、英語のほうが上手かったという。支局の尾崎のデスクにはときどき外国人から電話がかかってきた。そんなとき尾崎は、初めのうちは危なっかしいドイツ語で応対していたが、いつのまにか英語になってしまう。電話を切ってから、「今のはドイツ人の技師なんだよ」と言ったが、相手はゾルゲだったらしい。宮崎はその後も、尾崎が英語とドイツ語のチャンポンで話すのを聞いている。

一高・東大時代

大正八年（一九一九）、台北中学を卒業した尾崎は、難関の一高文科乙類の入試を突破して、本郷向が丘の正門をくぐった。専攻は独逸《ドイツ》法律学科、通称「独法」の四〇人クラスで、立身出世につながる官学万能、法科万能の時代背景にそった選択であった。だがこの風潮はもとをたどれば、明治新政府の下で、禄《ろく》を失った武士階級が競って「官」の道にはしった結果の、「官尊民卑」の風潮から派生したものであった。

さらに植民地台湾にあっては、同じ内地から来た日本人でも、総督府の役人と一般人との待遇の差は歴然としていたから、尾崎はそんな不条理な社会構造を身近にみていた。とはいえ、まだ国家権力の中枢を担う官吏を将来に見据える志向があったわけではなく、時代の潮流、父や後藤新平らの無言の期待に後押しされたとみられる。

だが尾崎が青春時代を送った大正時代は、近代国家の骨組みができ上がった明治の強権と英賢の時代から、大恐慌で幕を開け、軍閥が台頭した昭和に繋ぐ、短い十五年にすぎなかった。

それでも白樺派運動のように、体制に背を向け、国家よりも個々の人間に価値観を置いた新しい思想や美学が入り込んできた。大正デモクラシーといわれた新時代であるが、それがソフトで甘味な時代であったかといえば、関東大震災、大杉栄《おおすぎさかえ》事件（甘粕《あまかす》事件）、治安維持法制定に象徴される暗い激動の時代は、すでに大正時代に始まっていた。日清・日露戦争に勝利して意気上がる時代のツケが見えだし、失速期に入っていたのである。

尾崎が一高に入学した翌年、森戸事件が起きた。東大経済学部助教授森戸辰男《もりとたつお》が、同学部機関誌『経済学研究』創刊号（大正九年〈一九二〇〉一月）に、論文「クロポトキンの社会思想の研究」を発表したところ、上杉慎吉教授ら学内右翼団体「興国同志会」が、危険思想を宣伝するものとして攻撃したため、同学部は雑誌を回収して、森戸を休職処分にした事件である。さらに編集発行人大内兵衛《おおうちひょうえ》助教授も起訴され、結局、二人とも東大を失職することになった。

それから三年後、一高を卒業した尾崎が東大法学部政治学科に入学してまもなく、後藤新平から「君は社会科学を勉強しているそうだが、先生は誰かね」と聞かれたので、「上杉慎吉先生です」と答えた。すると後藤は急に不機嫌になり、「君に言っておくが、青年は常に前進、進歩すべきもので、反動はいけないぞ」と言ったという（妻英子宛書簡。昭和十八年十月二十六日）。

尾崎は、憲法講座では天皇機関説の美濃部達吉《みのべたつきち》ではなく、上杉の講座を選択したところから、学友の一部から国粋主義者上杉を尊敬しているとみられていた。だが父の親友で、尾崎が東京在住の保証人だった柘植咲五郎《つげさきごろう》（品川の品海病院院長）に向かって、「上杉先生は神がかりな人ですよ」と言ってから、ひとしきり批判してみせたという（柘植の二女千鶴子の証言）。

それでも先の妻宛の書簡では、「上杉先生は学問的立場は別として、人柄がすっきりしていて、私は何となく好きな人でした」と書いている。

ちなみに、現在東大の資料室に保存されている尾崎の成績表では、上杉の憲法講座は「良」、上杉の社会学講座では「優」である。

同じ上杉慎吉《うえすぎしんきち》の教え子だった岸信介《きしのぶすけ》は、尾崎より五つ年長で、思想的にも尾崎とは違っていたが、卒業間近に上杉から、「大学に残って憲法講座を担当してくれたまえ」と勧められたほどの、上杉の秘蔵子であった。しかし後に岸は、「私には学者への道に興味がなかったから断った。同じ法学部でも、上杉先生の国粋主義的保守姿勢には惹《ひ》かれてはいても、どこか物足りないものを感じていたし、先生とは対極的な位置にある憲法の美濃部達吉教授や、京都帝大の河上肇《かわかみはじめ》教授とともに、民主主義の旗頭と目されていた、政治学の吉野作造《よしのさくぞう》先生などの思想にも違和感があった」と、告白している（岸信介『私の履歴書』）。

当時の学生の多くが、「大学の自治」、「学問研究の自由」に危機感をもつことになったが、では尾崎は事件の背後に上杉教授らが介在した森戸事件をどうみたのかとなると、皇国思想への親しみや接近を戒めた後藤の忠告は、後に革新思想へ急速に傾斜していく尾崎を、結果的に後押ししたとみられる。

尾崎は、森戸事件について明言していないが、森戸辰男が失職した五年後に、学内の八角講堂で行った「思想と闘争」という演題の講演を聴いている。このとき森戸は、「官立大学は支配階級が被支配階級の労働力を搾取して作り上げたものであって、言葉をかえれば、余剰価値の一部を財源として設立され、また、それによって運営されているものである。それゆえ帝国大学の学生は、卒業後はその学識を労働者階級の解放のために捧げるのが当然である」と訴え、最後に「思想するということは、現代においては当然、闘争を意味する」と、刺激的な言葉で結んだ（『東大新人会の記録』、前出上申書㈠）。

このとき尾崎は、大学卒業を三ヵ月後にひかえていたが、「森戸先生の演説に感動し、一年間大学院に残って社会科学系の本を読もうとしていた気持ちが、一層固まったのです」と、先の上申書の中で述べている。

それまでの尾崎には、とくに社会問題に関心を払った形跡はない。尾崎と一高同期の志賀義雄、一期上の水野成夫《みずのしげお》らが中心になって活動していた、大学内の活発な思想問題研究会「新人会」にも、さしたる興味を示すことはなかった。その意味では、後年の彼の革新的行動に結びつくものは見当たらない。

一高独法同期の親友で、すでに日本共産党に入党していた松本慎一は、尾崎の獄中書簡集『愛情はふる星のごとく』に収録された『尾崎秀実について』（世界評論社刊初版）の中で、「大学時代末期までの尾崎は、むしろ素朴な愛国主義者でさえあった。学内の思想運動には、背を向けているほどではないまでも、殆ど没交渉で過ごしていた」と書いている。

それでも大学に進学した翌年大正十二年（一九二三）六月五日に目撃した出来事は、社会のあり方に疑問を持つことになった。「この年の夏に日本共産党の第一回検挙があり、佐野学《さのまなぶ》、猪俣津南雄《いのまたつなお》ら早稲田系の人が多かったのでありますが、私は当時、早稲田付近の戸塚源兵衛というところに住んでおりましたので、印象は特に深かったのであります」（前出上申書㈠）。

さらにこの年九月一日、関東大震災に遭遇した尾崎は、人間の英知が積み重ねてきた近代文明の脆《ぜい》弱《じゃく》さを身をもって体験しただけでなく、数々の異様な出来事を目撃して衝撃を受ける。

九月一日の大震災は、その只中にあった者にとっては、当座はあたかもこの世の終わりなるかの如き感すらありました。その間所謂《いわゆる》朝鮮人騒ぎの実情をつぶさに経験し、民族問題の深刻さと政治の複雑なる関連とを痛嘆せざるを得ませんでした。南葛労働組合幹部の虐殺事件（亀戸事件）があり、大杉栄親子の殺された事件（大杉栄事件、または甘粕事件。子供は大杉の甥橘宗一）があり、現に私の隣家である農民運動社が夜中襲はれ、軍隊の手によって妻子もろとも引き立てられて行くのを目撃したことは、まことに強い衝動でありました。この年を転機として、私は社会問題をまともに研究の対象とするに至ったのであります（同上申書㈠）。

関東大震災を挟んで、思想弾圧の嵐、社会主義者一掃にはしる官憲の行動を契機に、体制側への不信感が尾崎を思想の転換へ導き、マルクス・レーニン主義理論の社会的実践へ向かわせたことになる。

さらに転機を後押しするもう一つの出来事が、大学卒業の前年、大正十三年九月に巡ってくる。父や後藤新平らから期待されていた高等文官国家試験（高文）に不合格となったのである。高文をめざして勉強していたのであるから、自身も国家機関の高級官僚としての栄達が未来の青写真にあったことになるが、不合格は結果的に体制側への決別となった。彼の内的必然性に火がつき、自身の振り子が左傾していった結果、大学院時代には高文を受け直すことはなかった。

それまでの尾崎は台湾総督府側の人間であり、植民地で育った若者にありがちな、自己のアイデンティティーを神道の決着点である国体に求める素朴な愛国者であり、そこを視座の原点として、現地の矛盾も見ていたにすぎなかった。

だが内地に来て、目の前で見た時代の大波と体制側に対する疑問が萌芽し、自身の基軸がシフトされて、急速に社会主義思想へ接近していったとみられる。

尾崎は第二〇回東京地裁検事訊問調書（『現代史資料』2）の中で、「それから大学を出て大学院に残り、マルクスの『資本論』（第一巻・第二巻）やレーニンの『帝国主義論』『国家と革命』『唯物論と経験批判論』のほかに、『コミュニスト・インターナショナル』『インプレコール』などの雑誌を手に入れて読むようになりました」と述べている。

以後、日本の大陸政策の進展につれて、尾崎の視点は中国に向けられてゆくことになるが、さらに訊問調書では、「直接、中国問題にひたむきに目を開くようになったのは、カール・ウィットフォーゲルの『目覚めつつある支那』を読んでからであり、この本に感銘を受け、一気に自身の関心は中国革命へ向きはじめた」とも言っている。

『目覚めつつある支那』は、大正十四年（一九二五）五月十五日、上海にある日本資本による綿紡績工場の争議で、共同租界を管理する英国工部局警察の発砲により、中国人労働者に死傷者が出た事件から書き起こしていた。

さらにこの年の五月三十日に発生した、中国人デモ隊に英国工部局警察、日本の領事館警察が鎮圧に乗り出し、一三人が死亡、四〇人以上が負傷した「五・三〇事件」が起きた。この二つの事件を通して、それまで列強の支配に忍従してきた中国民衆による蜂起は、中国による、欧米や日本の経済的・行政的支配への対抗として、ウィットフォーゲルが熱い視線を向けている姿に、尾崎は惹かれたとみられる。

尾崎が精読した書物からクロノロジカルに概観したかぎりでは、彼はマルクス主義の延長で中国問題に入っていったようにみえるが、獄中で書いた手記では、その逆であると言っている。

左翼の立場からする支那問題の把握は、完全に私を魅了しました。私にとっては寧ろマルクス主義の研究が支那問題への関心をそそったのではなく、逆に支那問題の現実の展開が、マルクス主義理論への関心を深めていったのであります（『現代史資料』2、尾崎秀実手記(一)）。

それでも検事調書で供述しているように、尾崎も当時の学生たちにありがちな、頭でっかちの理論派に過ぎなかった。

大正二年（一九一三）まで、東京大学教授兼任のまま一高校長を七年間務めた新渡戸稲造《にとべいなぞう》が、社会主義思想にはしる学生たちに向かって講演や講義した内容が、自著『内観外望』の「マルクス運動の我国に容れられぬ理由」の項に書かれている。

これによると、マルクス理論に新渡戸が初めて接したのは、ジョンズ・ホプキンス大学に在学中の明治二十年代、経済学のイーリー教授の社会主義論の講義においてであった。そのとき教授は、「学理、学術的という点からいえば、このマルキシズムほど、深く社会の現象を概括的に論じたものはない。しかし空理空論という語弊があるかも知れないが、紙の上で考えた学説である」と結論づけた。その後、新渡戸も社会進化論を掲げる英国のハーバート・スペンサーの学説と比較しながら研究してみたが、マルクス理論には人生のリアリティーがないことに気がついた。マルクスが、これより外に真理はないと説いたのを、日本の学徒たちがそのまま受け入れて、あたかも信仰している光景に、「彼らの頭の進歩を阻害してはいまいか」と懸念する。

新渡戸はマルクス思想に共鳴すべきものを見出し、学問として研究することに少しも反対しなかった。しかし「マルクス主義、新しい思想体系の理論は批判もせず、鵜呑みにするな」と警告し、自身が革命理論に反対する理由を、「社会は自らevolution（漸進）するものだからである」と学生たちに語りかけたのである。

戦後、「思想の科学研究会」や「べ平連」の結成にかかわった哲学者鶴見俊輔は、対談（『日米交換船』）の中で、「学生がはじめて外国語で、あるいは翻訳書でマルクスを読むとき、自分をぽかっと一体化してしまう。自分がマルクスになり、レーニンになって、語るんだ。これは基本的に具合が悪い。学芸会みたいなもので、なりきっちゃう」と言ってから、自身は「予防注射で免疫の抗体ができていたから、マルクス主義者にならなかった」と言っている。

学生時代にマルクス主義も研究した岸信介は、前出『私の履歴書』に、「私は（マルクス主義に）〝参らなかった〟」と書いているが、参った尾崎が、理論派から実践派になっていくのは、大学院を修了し、社会に出てからである。

東京朝日新聞社時代

尾崎は、大正十五年（一九二六）五月、東京朝日新聞社に入社した。新聞社を志望したのは、「国家権力への迎合者でない、いわば中間的な形勢観望地帯であり、朝日新聞の自由主義的な傾向に期待があったからです」と説明している（前出上申書㈠）。

朝日新聞では社会部に籍を置いた。一年半後には学芸部に回され、「まだへっぴり腰ながら、まわりに引きずられていたようなものでしたが、そのころから私は、急速に実践運動に入って行きました」と述べているように、草野源吉の偽名で、社会主義研究会や出版物の関東出版組合などに所属し、会合にもときどき出席するようになっていた。

当時社内での尾崎評は、「愛想がよく腰も軽かったが、彼の学歴にしては書く原稿は平凡で、なんの特色もない男と思っていた」（鈴木文史朗『戦争と共産主義』）をはじめ、高い評価は見当たらない。いずれもゾルゲ事件発覚後の感想であるから、社会から向けられた断罪と個人的感情が移入された結果の評価であろう。とくに戦時下にあった当時は、事件を契機に朝日新聞に対し、官憲の弾圧が一層厳しくなった背景も見逃せない。

入社して一年半後の昭和二年（一九二七）十月、尾崎は突然大阪本社学芸部へ転勤を命ぜられた。事情は明らかではないが、尾崎の行動に不安を抱いた、上層部の判断だった可能性がある。

大阪朝日新聞社時代

転勤した翌月、尾崎は結婚した。相手は従姉にあたる英子で、もとは兄秀波の妻だった人である。幼いころから英子は秀実のほうに好意を寄せ、彼が一高生のころから親しい仲になったといわれ、結局、秀波との八年間の結婚生活を解消して、秀実のほうに走ったのである。

尾崎が大阪に転勤した翌年秋、一高で一学年上にいた冬野《ふゆの》猛夫《たけお》と再会した。冬野はすでに日本共産党に入党していて、東大社会学科を中退すると評議会に入り、尾崎と大阪で会った当時は、関西の労働運動を指導していた。

大阪朝日新聞社時代の尾崎秀実（中央）

その後二人は幾度となく食事を共にし、尾崎はマルクス・エンゲルス全集の翻訳に協力するようになった。この間、冬野は一度尾崎に入党を勧めたことがあるが、このとき尾崎は、「ぼくはまだ個人としての思想の域を出ていないから」と言って断った。そのとき尾崎は「ぼくは新聞記者という仕事を生かして、合法面で何か役に立つ仕事をしたいと思っている」とも言っている（風間道太郎

『尾崎秀実伝』）。

このときの尾崎は、記者として自信がついてきたときで、コミンテルンが掲げる世界革命の命題に対しても、合法的な道を模索していた。共産主義には心酔していても、地下に入った日本共産党がとっているガリ版刷りの檄文《げきぶん》を密かに配布したり、深夜に電柱や壁に貼ったりする戦術に疑問があったことも、入党を断った理由だったとみられる。

それでもジャーナリストとしての人生の方向を見通したとき、前途多難な運命が待ち受けていることは、十分に予見していたはずである。

冬野猛夫はまもなく昭和三年（一九二八）三月十五日未明、全国一斉に共産党員を摘発した三・一五事件で検挙され、懲役七年の刑を受けたが、その間、松山刑務所で獄死していた。

尾崎が冬野の死を知ったのは、上海から帰った直後であったと、第一回予審訊問書にも、手記にも書かれている。尾崎が共産党員であったか否かという後の議論も、冬野との距離感が伏線になっている。

2 上海の尾崎

国際都市上海の横顔

昭和三年（一九二八）十一月、尾崎は上海に転勤することになった。共同租界にある日本人居留民区の目抜き通り北四川路に近い、赫司克而《ハスケル》路五二号の大阪朝日新聞社上海通信部（後の支局）が新しい任地であった。

これは尾崎には願ってもない機会となった。台湾育ちの尾崎には、中国大陸は台湾海峡を隔ててすぐそこにあり、心情的にも異郷の地ではない。しかも列強の侵略に立ち向かおうとしている中国、蔣介石《しょうかいせき》指導下の北伐軍と北京政府、地方軍閥との熾烈《しれつ》な戦闘下にあり、わけても共産党と国民党勢力が激突する動乱の嵐が吹き荒れていた。

地殻の底から胎動をはじめた中国の現実を自分の眼で確かめたいのは、ジャーナリストの本能であり、中国研究者の尾崎には、刺激的な出会いになるはずであった。なかでも列強の利権と領域がひしめき合う国際都市上海は、尾崎によれば、「帝国主義的諸矛盾の巨大な結束点」だった（『現代史資料』2、尾崎秀実上申書㈠）。

当時の上海は三四〇万人の人口を抱える、中国一の大都市。アヘン戦争以来、最大の条約港であるから、外観は中国の顔であり、東洋の一郭に咲いた西洋文化が華やいでいるように見えた。

だが実際は、市域の半分以上は列強の租借地として彼らの支配下に置かれていた。尾崎が赴任した当時の上海はフランス租界、英米や日本も含む列強が管理する共同租界があり、そこには総督補佐機関・警察・税関などを統轄する工部局が設置されていた。取り仕切っていたのは、アヘン戦争以来の伝統が生きているイギリスである。

つまり、列強による帝国主義の特権と、外国資本の利害が集まっている最大の拠点がここ上海であり、その一方で、力をつけてきた労働者階級のストライキが多発して、共産党勢力と結び付きつつあった。

華やかな欧米風の表の顔と、一歩路地に入れば阿片窟・売春・誘拐・暴力、果ては殺人に至るまで、あらゆる悪の巣窟《そうくつ》を思わせる裏の顔が同居していた上海は、まさに魔都と呼ばれるにふさわしい都市であった。

羽仁五郎の忠告

上海に赴任する直前、尾崎は一高、東大で一学年上の羽仁五郎から、はなむけの言葉をかけられた。羽仁はドイツ留学から帰ったばかりで、東大に戻って歴史研究に打ち込んでいたときであった。

現地の新聞を通して何が本当か、何が嘘かをはっきり考えることだ。日本がどう動くか、中国が、世界がどう動いていくのか。新聞はそれをまたどう動かそうとしているのか。生きるか死ぬかの真剣な勉強として、新聞を研究することだな。中国語の新聞だって、真剣に読めば二ヵ月か三ヵ月で読めるようになる。

そこで尾崎が、

ではそうなるには、どうすればいいのだ。

と尋ねると、羽仁は、

だいたい大学を出た連中は、分厚い本は机に広げて読むくせに、新聞となると飯を食いながら読んだりする。あれでは駄目だ。君の場合は、一日のうちで、いちばん頭の働きがいい時間に読むことだよ。そうすれば世界の動きが次第にはっきりと解り、では自分がどうすればよいのか、ということが明らかになってくる（羽仁五郎『日本の現代史』）。

言われて尾崎は、上海に着くなり、青と赤の鉛筆を使って一語一句を真剣に考え、自分の考えを書き込むようになった。

後に尾崎は、上海支局で机を並べていた宮崎世竜に向かって、「ニュースなんかは、たいして価値のあるものじゃない。重要なのは、その底に流れているものだ。それを的確に摑《つか》むことだ」とアドバイスした。羽仁の影響を受けたようであるが、後にリヒャルト・ゾルゲは、「尾崎の情報分析能力は、モスクワではきわめて高い評価を得ていた」と獄中手記に記している。

情報と諜報活動のメッカ

上海は世界のメディアが集中する情報のメッカであった。イギリスのロイター通信、米国のUP通信・AP通信、ソ連のTASS、ドイツのDNP、同WOLFF、イタリアのSTEFANIなど、各国の代表的な通信社が支局を構えていた。日本でも大阪朝日のほかに、大阪毎日、時事新報、報知、上海毎日、上海日日、新聞連合（後の同盟通信）、上海日報、上海通信社、日本電通、江南晩報などが、上海の日本記者団を構成していた。

そのなかには尾崎がその後も交渉をもつ日森虎雄（上海通信社）のほかに、沢村幸夫（大阪毎日）、船越寿雄（上海毎日）、日高磨瑳四《ひだかまさし》（上海日報）などがいて、異色の存在に上海新聞人の生え抜き山田純三郎（江南晩報）もいた。

なかでも船越寿雄は、尾崎が三年半の上海滞在を終えて内地に帰ったあと、尾崎の推薦でゾルゲの諜報活動を引き継いだとされた男である。ゾルゲが日本潜入後は、後任者パウルと組んで上海に留まったが、ゾルゲ事件が明るみに出ると逮捕され、懲役十年刑を受けて服役中、終戦半年前に獄死している。だが後に研究者たちの調査から、船越は無実だったとされる。

尾崎は新聞記者と情報収集の関係について、こう供述する。

新聞記者仲間を中心とした会合にも、縷々出席する機会がありました。新聞記者仲間というのは殆どこれは国際的に通有性があるのでありますが、概して開けっ放しで自由な態度で話すものであります。日頃情報を扱う職業のせいもあり、情報に対して同業者の間では殊に解放的なものであります。新聞記者の情報というものはその精密度から言えば大して高くはないかも知れませんが、早いことと大体の輪郭を摑んで居る点では新聞記者情報は相当高く評価せられるべき性質のものであります（『現代史資料』2、第二六回東京地裁検事訊問調書）。

後に尾崎は、特高宮下弘の取り調べに「スパイ、スパイと呼ばないでいただきたい。私は政治家です」と言っているように、プライドの高い尾崎の朝日新聞時代は新進気鋭のジャーナリスト、近衛文麿《このえふみまろ》のブレーン時代の表の顔は対中国問題専門の「政治家」である。

「情報収集」→「分析」→「報告」→「政策」の流れでいえば、記者時代は報告までで、「政策」の立案に関わったのは、近衛の側近としての尾崎である。

尾崎が着任してまもなく、朝日の上海通信部が通信局に昇格し、久住悌三《ひさずみていぞう》（戦後、ニッポン放送編成局長）が加わり、さらに翌年には、太田宇之助《おおたうのすけ》が支局長として赴任してきて陣容が固まった。太田はそれ以前にも、大正八年（一九一九）春から大正十二年春にかけて四年間上海通信部に特派員として勤務したことがあり、現地の事情にも通じていた。

支局の陣容が整うと局員の分担も決められ、ドイツ語・英語に堪能な尾崎は、外国人記者との接触の多い、外交方面を受け持つことになったが、これが彼の運命を決める外的要因になった。

太田宇之助は、当時の尾崎の横顔を、「上海時代の尾崎君」（『尾崎秀実著作集』三巻、月報3）に書いている。

尾崎君は大阪朝日では学芸部に所属していたのを、上海へ出ることになって「支那部」に転籍したことから、彼の中国研究は現地で始まった。猛烈な読書家で、毎月の内山書店への支払いが大変だった。店主内山完造君と私とは古くからの親友で、私は暇あれば同書店へ出かけて漫談したものだが、こんな関係もあってか、若いサラリーマンには身分不相応に買い込む尾崎君の書籍の借金がかさむのを、内山君はあまり気にしない様子だった。

尾崎君が読む書物の種類については、中国研究のためのものとは限られていなかったようだ。尾崎君はきわめて快活な性格で、学究的な体臭が全く感じられず、交際面も割りに広かった。彼の上海時代を終始共にした私が、一度も尾崎君の暗い表情は記憶になく、いつも笑みをたたえている明るい顔だけである。

内山書店で繰り広げられた日中の文化人・学者・学生などの歓談と交流はよく知られているが、中西《なかにし》功《つとむ》はこう書いている。

上海の日本人の多くが経済的進出に利益を感じ、それから生れる植民地的利潤の潤いがもたらす自由もあり、外国で、しかも治外法権があるという事情も影響していた。日本内地では発売禁止の書物が、上海の日本人書店（内山書店）では堂々と売られていた奇現象は、そのような事情から生まれた（『中国革命の嵐の中で』）。

日本では社会主義関係の文献が手に入りにくかったり、自由に読むことができなかった尾崎が、内山書店のほかによく通った書店は、ユダヤ人ワイテマイヤー女史が経営する「ツアイト・ガイスト」であった。日本語に訳せば「時代精神」とあるように、主として左翼系の文献が売られていたため、尾崎はここで日本では味わえなかった自由と出会うことになった。

だがこの「自由」の意味にはもう少し言及しておく必要がある。言うまでもなく上海の市域にあって、特に中心部は列強の支配下に置かれた外国租界。そこは国民党の権力が直接及ばない地域であるから、列強の利害に直接影響しない限り、中国人の言動を拘束できない、特殊地帯である。それは一つの矛盾ではあるが、その矛盾のなかに「自由」という権力構造の空白部分があったことである。

したがって、反蔣介石の中国文化人集団は、それを最大限利用して、反動化した蔣介石国民党に抵抗するために上海に集ってきたのであり、尾崎ら日本人も、その空白地帯で「自由」を満喫したのであった。

書店の店主ワイテマイヤー（当時二十三歳）は、謎めいた女性であった。彼女と親しかった上海同文書院教授の野沢房二によれば、「ワイテマイヤー女史はユダヤ系のドイツ国籍で、ベルリンで一九二五年、中国人共産主義者の呉少国と結婚し、夫とともに一九二六年にモスクワに渡り、孫逸仙《そんいっせん》大学*に学んだ。コミンテルンから上海で書店を開く指令を受けて、ツアイト・ガイストの経営者として二歳の娘を残したまま上海に派遣された。これがコミンテルンの上海における合法的な拠点となった。夫はその後、トロツキー・グループに加わり、それが原因となって二人は別れた」ということである（野沢房二遺稿）。

＊モスクワ中山《ちゅうざん》大学の略。一九二五年秋、ソビエト連邦と中国共産党がモスクワに設立した大学。一九二三年一月二十六日、上海における孫文とソビエト連邦代表アドリフ・ヨッフェの共同声明は中国統一運動に

対するソビエト連邦の支援を誓約したことにはじまる。孫文は、より多くの中国人革命家を訓練する必要があるとし、モスクワに開校された。

「合法的拠点」とは「表向きには合法的」の意味で、海外連絡部オムス（ＯＭＳ）とは別途、モスクワと上海を往き来する連絡員との、秘密の連絡場所だったとみられる。

そのツアイト・ガイストに出入りしていた尾崎が、女主人のワイテマイヤーから紹介されたとされる女性記者が、アメリカ共産党員アグネス・スメドレーであった。これは尾崎が国際諜報団とかかわりをもつ第一のステップとなった。

スメドレーとの邂逅

尾崎がアグネス・スメドレーと初めて会ったのは、昭和四年（一九二九）末か、翌年早々のことだった（目黒署で高橋与助警部による第二回訊問）。

会ったときの模様は、前出彼女の自伝小説『女一人大地を行く』を白川次郎のペンネームで翻訳した尾崎が、あとがきの「アグネス・スメドレーの横顔」に次のように書いている。

上海にいる頃「非常に変った女の新聞記者がいるから是非紹介しよう。だが、かなり猛烈な顔をしているから、女の新聞記者だからときいて好奇心を出すのだったら当が違うぜ」と冗談をいいながら誰かが紹介してくれた人が、スメドレー女史だった。

あの上海のバンドと南京路のかどにあるパレス・ホテル（現和平飯店）のロビーで待っていると、

赤い色の散歩服を着て飛びこんで来たのが女史だった。腰を下ろすと思うと初対面の挨拶なんかそっちのけで元気よく話し出した。時々シガレットケースから煙草をとり出して我々にもすすめながら喫った。

はっきり覚えていないが、支那の農業問題について日本人の研究にどんなものがあるかという話だったと思う。こちらの話があいまいであったり自信のないことを言っていたりすると、女史はすかさず切り込んで来て私は面喰わせられた。

私はかつて初対面の人に、殊に女の人に、こんな風に出られた経験がなかったので、しばしばどぎもを抜かれた。

私はその時つくづく女史の顔を見た。彼女の顔はなるほど綺麗とはずいぶん縁の遠いものだった。しかし私はその後、幾度か彼女と会ううちに女史の顔を美しいと思うことすらあった（中略）。三年半ののち日本に帰ってみても、日本の女性の顔で女史の顔のような潑剌とした生気のあるものにぶつかったことがない。女史にはアメリカ・インディアンの血が流れていると、この小説のなかに書いてあるが、あれは全くアメリカの曠野《こうや》が生んで、しかも時代の苦悩のなかに揉みぬかれ鍛え抜かれて初めて出来上がった表情なのだ。私は彼女の顔に美醜を超越した闘志の輝きを見る。

アグネス・スメドレー

尾崎にスメドレーを紹介したルートはいくつかあったとみられるが、

日本に戻った尾崎が『女一人大地を行く』の「あとがき」を書いたのは、まだゾルゲ事件が発覚する以前のことである。それでもペンネームで自身を覆い隠し、尾崎に彼女を紹介した新聞連合の大形孝平（高等学校、大学で尾崎の後輩）に迷惑をかけないように「誰かが紹介してくれた…」とぼかし、彼女とホテルであったのも「我々」と、複数形を使っている。

後に昭和十六年（一九四一）十月二十六日、目黒署で特高警察高橋与助警部の訊問では、次のように答えている。

昭和四年末ごろか、五年初めのころ、前申し上げました陳翰笙《ちんかんしょう》からであったか、当時上海蘇州河通にあった左翼系書店の女主人ワイテマイヤー女史からであったか、今記憶がはっきりしておりませんが、とにかくその二人のなかの一人から、当時はフランクフルト新聞の上海特派員で、現在は中共幹部である毛沢東《もうたくとう》や朱徳《しゅとく》等に従って行動を共にしているアグネス・スメドレー女史を紹介され、上海南京路の角にあるパレス・ホテルのロビーで初めて会い、その後も引続き交際しており、同女史に対し私が前に申上げた様な関係で色々蒐集することを得た国民政府関係の情報や、私の知り得る限りの日本の情勢などを伝えておりました。

＊陳翰笙は上海の創造社系の劇作家で、共産党に入党していた。ゾルゲと密かに通じ、周恩来《しゅうおんらい》との橋渡しをした人物とされる。

スメドレーは毛沢東、周恩来、朱徳らと通じ、後に一九三六年から三七年にかけて、中共の聖地といわれた延安の山岳ベースでも、彼らと洞窟生活をする同志であった。

だが、相手が拷問をいとわない峻厳な取り調べで定評のある高橋与助警部であり、検挙当日に落された尾崎であっても、その十日後に「私の知り得る限りの日本の情勢などを伝えていた」という供述はどう解釈すればよいのか。

拷問と特高による作文が共存する中で、実態はどうだったのかについては後の章に譲ることにするが、いずれにしても、供述内容は全体のごく一部だったとみられる。

ゾルゲ諜報団や中共側に伝えた情報の内容は、時期的にみて柳条湖《りゅうじょうこ》事件勃発前の関東軍の動き、勃発後の展開の予想と、満州国建国にまつわる情報だったはずである。川合貞吉の『ある革命家の回想』によれば、尾崎はスメドレー、ゾルゲ、川合の四人で南京路の中華料理屋で会った直後、川合を情報収集のため満州に向かわせ、その後も複数回送り出しているからである。

研究者のなかには、この四者の会合の有無を問題にする意見もあるが、尾崎と川合の関係は明確に存在し、川合が満州に足を運んだことは、ゾルゲも認めている。

3 ゾルゲとの邂逅――仲介した人物は誰か

アメリカ共産党が注目した尾崎

尾崎秀実がゾルゲと上海で知り合った時期について、尾崎の東京地裁判決文では、昭和五年（一九三〇）十一月となっているから、スメドレーと邂逅して一年近く後のことである。

尾崎とゾルゲの間を仲介した人物については、アメリカ共産党日本人部の鬼頭銀一《きとうぎんいち》と、アグネス・スメドレーの、複数の説が存在している。在米中の鬼頭が安南（現ベトナム）をへて上海に入ったのは昭和四年のことで、アメリカ共産党日本人部を初代書記として再建後、上海に派遣されてきた。その後鬼頭は、満鉄子会社の国際運輸に潜入し、尾崎秀実や水野成《みずのしげる》（東亜同文書院の学生時代、尾崎の門弟）と接触するようになり、尾崎をゾルゲに紹介したことになっている。

事実、尾崎は上海満鉄事務所に自由に出入りしていた。一高の独法、東大法学部でも先輩に当たる同事務所長の伊藤武雄は、「上海は尾崎と満鉄とが結ばれた処女地だった。それ以後、彼は一生涯を通じて、満鉄調査部員と関係する」（宮西義雄『満鉄調査部と尾崎秀実』）と、双方の長い絆を指摘している。

したがって、巨大組織の満鉄にあって、広く情報を掌握している満鉄調査部の人間が、上海の秘密の場所にあるコミンテルンの国際連絡部オムス（ＯＭＳ）とアメリカ共産党のターゲットになるのは、自然な流れである。

この場合、生え抜きの満鉄マンよりも、内部の事情に通じ、朝日新聞という情報収集と発信の強力媒体に所属している尾崎は、得難い存在である。

したがって鬼頭は、偶然、尾崎と物理的に接触しやすい位置にいたのではなく、尾崎のような上海駐在の優秀な日本人をゾルゲと接触させるために、アメリカ共産党は鬼頭銀一を送り込んできたとみられる。

ロシアのゾルゲ事件研究者グリゴリエフは「アメリカ共産党は、いつゾルゲが上海に来るかを知って、鬼頭銀一に尾崎をゾルゲと接触させる任務を与えて送り出した」と指摘している。その通りであれば、アメリカ共産党は、すでに上海の尾崎に照準を合わせていたことになる。

このことは、アメリカ共産党が従属するコミンテルンも、ゾルゲに尾崎と接触する指令を出しているはずである。この場合、在上海のコミンテルン国際連絡部オムス（ＯＭＳ）が司令塔の窓口になる。

ゾルゲは獄中手記に、「尾崎はコミンテルンのメンバーだった」と書いているが、東京でゾルゲが尾崎をモスクワに推挙したのではなく、すでに上海時代に尾崎はコミンテルンのお墨付きだったことを意味している。

この辺りの事情は、渡部富哉が「ゾルゲ事件の真相究明から見えてくるもの」という一文のなかで、次のように述べている。

日本共産党は第一次検挙のあと、解党を決議（一九二四年二月）したから、コミンテルンは共産党再建の指導、監督のためカール・ヤンソンを商務官の肩書で、東京のソ連大使館に送り込み、極秘に共産党再建ビューローのメンバーと連絡を取り合っていたのである。だがこれは外交問題に発展し、カール・ヤンソンは国外追放になった。当局は、共産党の最高幹部佐野学《さのまなぶ》や野坂参三《のさかさんぞう》たちからカール・ヤンソンとの関係を細かく供述をとっている。

尾崎の入党は事務局長の中野から、カール・ヤンソンに伝えられた。カール・ヤンソンはコミンテルンの情報員として格好の人物を探していたのだろう。このカール・ヤンソンが党組織から尾崎の名を抹消して、ＯＭＳに登録したのだ、と私は推測している。

日本共産党の党員は当局に一度は洗われた経歴をもつ者が多いうえ、党に転向者をスパイとして送り込んでくる可能性もある。コミンテルンにとって、この国際組織の存在が日本で当局に嗅ぎつけられたくないから、尾崎の党員資格を抹消し、国際連絡部ＯＭＳに登録したということだろう。それだけ尾崎はコミンテルンから高く評価されていたことになる。

そして尾崎の帰国後は、切れていた尾崎とゾルゲの関係を復活させるために、アメリカ共産党は後述の宮城与徳《みやぎよとく》を日本に帰国させた。指示を出したのは、先の対日工作の指揮者カール・ヤンソンであった。

鬼頭銀一という人物

では、尾崎とゾルゲを上海で結び付けた鬼頭銀一とはどんな男なのか。鬼頭はコロラド州のデンバー大学に学び、アメリカ共産党初代書記として政治力・組織力に優れ、英語も巧《うま》く、活動拠点の上海でも頭角を現していた（加藤哲郎『情報戦と現代史』）。

そして尾崎の帰国より前に、鬼頭は日本に拠点を移しているのは、尾崎との関係維持の必要性があったためとみられる。

尾崎が大阪朝日新聞本社に戻ったあと、鬼頭も神戸に出てきて軍事物資のゴム会社を経営していた。諜報活動をするには、表向きの生業をもつことが偽装の必須条件であり、世界に開かれた港町神戸は都合がよかったからである。

『尾崎秀実著作集　第四巻』には、昭和八年から九年（一九三三〜三四）にかけて、神戸や大阪、東京でも両者は会っていたことを示す書簡が所収されているから、情報交換していたのは間違いない。

だがゾルゲの手記㈡（『現代史資料』１）には、次のように綴られている。

鬼頭は私のグループのメンバーでもなく、私といっしょに仕事をした者でもない。スメドレーや尾崎から彼について何度か話を聞いたことはあるが、彼と私の間には全然個人的な接触はなかった。ほかの連中のことは記憶していても、彼については全く記憶がない。私の推測では、スメドレーと鬼頭の間に直接または間接の連絡があって、誰か信用できる日本人を手に入れたいという私の希望を、スメドレーから鬼頭に伝えたのではないかと思う。私はスメドレーの紹介で尾崎に会ったのであり、彼女以外の者の紹介によるものではない。

またゾルゲの東京地裁判決文でも、ゾルゲ手記の記述がそのまま採用されている。ゾルゲが推測するように、スメドレーと鬼頭は、ともに有力なアメリカ共産党員であるから、両者の間に当然繋がりがあったはずだが、ゾルゲ事件の研究者のなかには、「日本人の犠牲者を広げないために、ゾルゲが鬼頭銀一を庇った」とする意見がかなりあった。

しかし鬼頭は、ゾルゲが逮捕されるより三年以上前の昭和十三年（一九三八）五月二十八日、日本が軍事基地の建設を急ぐペリリュー島で怪死していた（加藤哲郎『情報戦と現代史』）。

したがってゾルゲはすでに亡くなっていた鬼頭を庇う必要はなかったことになり、ゾルゲが庇う必要があったのはアメリカ共産党と、鬼頭の毒殺に関与した可能性まであるコミンテルンということになる。

しかし米国の研究機関「ウッドロー・ウィルソン・センター」が発刊する『冷戦国際史シリーズ』（一九九九年）に発表された、アナポリスの米海軍士官学校准教授マオシュン・ユー博士の論文では、「陳翰笙こそがゾルゲ事件に関与した中国人」と断定している。文字通り解釈すれば、コミンテルンを共通の母体にもつゾルゲと鬼頭銀一の関係は深いものになり、「ゾルゲは陳翰笙のルートで周恩来と通じていた」とする説に説得力をもたせることになった。

つまりゾルゲの「鬼頭などという男は知らない」の陳述は、コミンテルンの内情を晒《さら》すのを避けたのが最大の理由だろう。

尾崎と鬼頭はゾルゲ諜報団とのかかわりとは別途、日本の中国侵略に反対し、日中民衆の連帯を模索する共通の活動もしていたが、鬼頭銀一という人物に、尾崎は当初疑念をもっていた。

尾崎とゾルゲの邂逅

尾崎はゾルゲとの邂逅の経緯について、逮捕された直後、目黒署で高橋与助警部から取り調べを受けた第二回訊問で、次のように供述している。

コミンテルンのメンバーであった鬼頭銀一を紹介され、まもなく「アメリカ人でジョンという良い人がいるから会ってみないか」と勧められました。しかし万一鬼頭がスパイであったらと考え、スメドレー女史を訪問しますと、同女史はそのジョンなる人物をすでに知っており、非常に緊張して「誰にもそのことを言っていないか」と申しますので、誰にもまだ話していないと答えますと、同女史は私に、「その人は非常にすぐれた人だから」ということでありましたから、私も安心して、その後まもなく日時を定めて鬼頭から上海南京路所在の支那料理店・冠生園で、そのジョンなる外人に紹介され、ジョンから、

一、日本の新聞記者として、集め得る限りの支那の内部情勢
二、日本の対支政策の現地に於ける適用等に就いて知らせて貰いたいということを命ぜられました。これが私がジョンから命令された最初の任務でありました（『現代史資料』2、ゾルゲ事件㈡）。

だが初対面の外国人から、「任務を命令された」はあり得ず、特高の調書では、命令を受けるまでの過程が省略されている。

ゾルゲとの出会いについて、尾崎の供述は昭和十七年（一九四二）七月二十二日の予審訊問では、「ス

リヒャルト・ゾルゲ

メドレーの家で、彼女から紹介された」と、ゾルゲにそった供述に変わっている。尾崎が裁判の行く末を考えたか、取り調べた特高係長の宮下弘や高橋与助警部から「スメドレーだろう」と強要されているうちに、同調したかのどちらかとみられ、尾崎の東京地裁判決文でも、「スメドレーの紹介により」となっている。そして尾崎からジョン（ゾルゲ）へ提供された情報の内容については、ゾルゲの手記㈡（『現代史資料』1、一六七頁）に詳細が述べられているが、将来日本は中国とシベリアに侵略の意図があるか否か、満州事変後の対満・対中政策についての情報が柱となっている。

落ち合う場所はバーかビリヤード、舞庁（ダンスホール）、中華料理屋では杏花楼が多かった。いずれも外国人が多く、目立たないからだが、入って来る人間を見えるような位置取りをするのが常だった。

尾崎と違い、スメドレーは在米時代から左翼運動、その後もベルリンに移ってジャワハルラール・ネルー（初代インド首相）らと、インド独立運動に身を投じていた女性であるから、行動には慎重であった。食物を買いだめしないように心掛けていたのも、ドイツ時代、インド人の愛人チャトが、イギリスの工作員にヒ素を盛られたことがあったからである。

彼女はタクシーに乗る場合は、流しのタクシーを拾うことにきめていた。客待ちのタクシーや車力（人力車）は、密偵とつながっている可能性があるから避け、しかもストレートには目的地に向かわず、途中で乗り継いだり、行き先を変更するのが常だった。

ゾルゲの場合には、モスクワの赤軍第四本部で情報の取り方や分析、暗号に組んだり無線による送受信のほかにも、尾行したり尾行をまく方法など、プロのスパイとして厳しい訓練を受けてきた。だが尾崎の場合は、諜報活動といっても単なる協力者であり、彼らの指示通りに動いていたにすぎない。情報提供する彼には、相手側の政治イデオロギーに共鳴しただけでなく、自国の体制の否定が根底にあったことである。

結局、尾崎・ゾルゲ・スメドレーの関係は、同志であったことは事実だが、それぞれの部署を護り、独立した人格であり、独立して運動・工作をしていた。

そしてスメドレーが尾崎、ゾルゲと違うところは、彼らのように標準より裕福な家庭で育ち、とくに尾崎のようなエリートとも違い、貧困のどん底から這い上がった女性であるから、同じ共産主義者で同志といっても、中国人民の貧困状況を見る眼差しに、温度差があった。

異なった背景をもったこの三人は、動乱に揺れる上海で出会って同志となったが、それぞれの信念と責務に向かって突き進んでいく。

4 革命の嵐のなかの中国

赴任直前の上海

いったん時計の針は、尾崎が赴任してくる三年半前に戻ることになるが、大正十四年（一九二五）五月、上海で「五・三〇事件」が起きた。労働者のデモ行進にインド人巡捕を従えた英国の私服警察が発砲して多数の死傷者を出した事件である。この暴挙に抗議して上海・北京・香港など全国でストライキが起きると、たちまち反帝国主義運動へと拡大していく。

孫文がこの事件より二ヵ月前の三月、「革命いまだ成らず」の言葉を遺して死去すると、後継者として国民革命軍総司令官に就任したのが蒋介石《しょうかいせき》であった。蒋はこの事件を国民革命高揚の好機と捉え、七月に広州で国民政府の成立を宣言し、総勢一〇万の兵が三つの進路に分かれて北伐を開始する。国共合作による国民政府の北伐軍であるから、共産党に指導された農民運動や労働運動の支援を受けて、各地の軍閥を破りながら北上し、たちまち揚子江流域を支配下に置いた。さらに十二月には武漢に政府を移動して、翌年三月までに上海・南京を占領して中国南部を制圧してしまった。

だがここで蒋介石に変化が起きる。反共主義者の蒋は、北伐の過程でみせた共産党の勢力拡大に危機感を抱き、これと袂《たもと》を分かつと、浙江《せっこう》財閥や列強の支持を取りつけた。いずれも共産党を警戒する勢力同士の結合であった。イデオロギーを異にする複数の勢力からなる国民政府の命運に、蔣介石は見切りをつけたのである。

そして昭和二年（一九二七）四月、蔣介石は上海で多数の共産党員や労働運動指導者を殺害する「上海クーデター」を断行して、南京に国民政府を樹立。さらに共産党との連携をなおも主張する国民党左派を排除して武漢国民政府を吸収し、文字通り国民党の実権を掌握してしまった。国共合作はここに崩壊したのである。そして昭和三年四月、蔣介石は二五万の新たな国民革命軍を率いて北伐を再開し、北平（北京）に進撃開始した。

左翼系文芸グループへの接近

同じ昭和三年（一九二八）の十一月、上海に赴任してきた尾崎には、以後、この国の動乱はどう映り、どう行動したのか。

尾崎の上海滞在は、その後昭和七年二月までの三年三ヵ月であったが、その間、「左翼作家連盟」結成前の創造社*の文芸誌に、白川次郎のペンネームで、しばしば論文を載せていた。

＊創造社は、一九二一年七月、日本に留学していた郭沫若《かくまつじゃく》、成仿吾《せいほうご》、郁達夫《いくたつふ》、張資平、田漢《でんかん》、鄭伯奇《ていはくき》らによって結成された、現代文学、革命文学の団体。後期創造社には、日本から帰国した馮乃超《ふうだいちょう》、王独清《おうどくせい》、彭康《ほうこう》などが加入した。彼らは上海を拠点にして創作活動に入り、『創造社叢書』を出版、郭沫若の詩歌『女神』などを掲載する。以後、『創造季刊』『創造週報』、さらに、『創造日』を発刊している。一九二九年二月、創造社は、

当局によって閉鎖された。

ゾルゲ事件第一審の判決直前に書き上げた上申書（『現代史資料』2）のなかで、尾崎はこう述べている。

当時の上海は列強の帝国主義に翻弄されている大きな矛盾を抱え、なお一九二七年までの左翼主義の高潮の余波が完全に残っておりました。文芸左派の一団である創造社は、その一例でした。私はその上海にあって、若さと未熟な情熱とをもって、完全にその環境の虜《とりこ》となったことは、きわめて自然だったと思います。

私はその上海において、はじめはきわめて初歩的な小グループ運動から、ついに最も大きな国際的な左翼組織に入っていきました。これがゾルゲやスメドレーとの出会いの背景であります。

ここでいう小グループ運動とは創造社のほかに、左翼作家連盟*、芸術劇社**とのかかわりであり、当初は政治的アプローチよりも、文化的アプローチが先行していたことになる。

*左翼作家連盟（左連）は昭和五年（一九三〇）二月、上海を拠点に後期創造社など、革命文学を標榜《ひょうぼう》する諸派を母体に結成された左翼文化運動の組織。国民党の弾圧に抗して人民の言論・出版・集会・結社の自由を求めるための組織で、一九三〇年代の中国文学の主流を形成した。魯迅を常任委員に、郁達夫、田漢、鄭伯奇、馮雪峰《ふうせつほう》、彭康、王学文、夏衍《かえん》などが名を連ねたが、一九三五年末解散した。

**一九三〇年代に入ると、夏衍ら日本で留学中に日本無産階級演劇の影響を受けて、「東京に続け」を合言葉に結成された芸術劇社が翻訳劇を上演して評判を得た。メンバーは鄭伯奇のほか、旧創造社の陶晶孫《とうしょうそん》（九州大学医学部）、馮乃超（八高、東京大学文学部）、太陽社の銭杏邨《せんきょうそん》、孟超、日本から帰って来たばかりの叶沈、許幸之らだった。叶沈、許幸之は築地小劇場で実習していたことがあり、許幸之は上野の美術学校（現東京芸術大学）の出身だった。

上海を拠点にしていた当時の文芸活動家たちは、左傾していただけで共産党員ではなく、反体制運動、民衆への啓蒙手段として雑誌の発行や、演劇活動を介して統一戦線の結成と実践を模索していたにすぎなかった。

それには外国の権益が集中する上海が、労働者のストライキ、プロレタリア運動の中心になりやすい体質を抱えていた一方で、伝統的に演劇が盛んな土地柄だったことが背景にある。

だが左翼的文芸活動に奔走していた上海の若者たちを刺激したのは、東京の動きであった。昭和四年（一九二九）に日本でベストセラーになったドイツの作家レマルクの『西部戦線異状なし』が、ただちに新築地劇団が帝劇で上演されると、築地小劇場が本郷座で競演して大当たりする。日本に留学していた夏衍らはこれを見て急ぎ上海に戻り、脚本を翻訳して上演すると、素人集団の演劇ながら人気を博した。

当時、日本に留学していた中国の若者たちは、治安維持法下の弾圧にあってもなお、根強く活動する日本の演劇人たちに啓発され、上海での雑誌刊行や演劇に結びついていった。

ちなみに、芸術劇社の第一回公演は一九三〇年一月六日から三日間行われた。ル・メルテン作『炭鉱夫』、シンクレア作『二階の男』、ロラン作『愛と死とのたわむれ』が演題だったが、いずれも一九二六年から一九二八年にかけて、東京で上演された作品であった。

そこで尾崎が果たした役割について、夏衍が『忘れ難い一九三〇年』に書いている。

当時われわれと繋がりのあった米国のスメドレー、日本の朝日新聞・尾崎秀実、広州暴動に関係したことのある日本人記者山上（正義）など、外国の進歩的記者が上海の外国語新聞紙上で宣伝してくれた（丸山昇『ある中国特派員』に収録）。

これを見る限り、尾崎は新聞紙上で演劇の紹介をしただけだが、後に彼らと深いかかわりに発展していく事実からすると、他紙への掲載要請、脚本の作成からチケットの販売などの分野でも、協力していたとみられる。

芸術劇社の第二回公演は一九三〇年四月、北四川路横浜橋にあった日本人経営の上海演芸館で行われ、演目の目玉、『西部戦線異状なし』も成功裏に終わった。脚本を担当したのは、尾崎に私淑していた陶《とう》晶孫《しょうそん》であった。

その西部戦線で実際に銃を取って戦ったのが、リヒャルト・ゾルゲであった。第一次世界大戦のさなか、ドイツ国境に近いフランス北西部の西部戦線に投入された若きドイツ軍兵士として従軍した彼は、ここで右大腿部骨折の重傷を負っていた。東京の街を歩くとき、いつも右足を軽く引きずっていたのは、そのためであった。

スメドレーと尾崎は『西部戦線異状なし』の開演中、劇場に日参していたが、ゾルゲは現れなかった。中国共産党員や左翼的人間との接触を、モスクワの赤軍第四本部から禁じられていたからである。

尾崎は公演への協力のほかに、陶晶孫が編集責任者となっている『大衆文芸』に、欧佐起の名で「英国はなぜ遅れたか」、白川次郎の名で「日本左翼文壇の一瞥」を寄稿している。後者は昭和三年（一九二八）三月十五日に起きた三・一五事件*と、以後の動向を解説したもので、小林《こばやし》多喜二《たきじ》、徳永《とくなが》直《すなお》らを賞賛した記事であった。これには新しく生まれたプロレタリア文学の代表的雑誌『戦旗』に、小林多喜二が『一九二八年三月十五日』『蟹工船』を、徳永直が『太陽のない街』などの話題作を次々と掲載したことが背景にある。

＊昭和三年二月に実施された第一回普通選挙で、社会主義的な無産政党の活動に危機感を抱いた田中義一《たなかぎいち》内閣は、翌月の三月十五日、治安維持法違反容疑により全国で一斉検挙を行った。非合法の日本共産党、労働農民党などの関係者約一六〇〇人が検挙された。作家、小林多喜二はこの事件を題材にして『一九二八年三月十五日』を雑誌『戦旗』に発表したが、同年十一・十二月号は発売禁止になっている。

尾崎はこれらの作品に感銘を受けただけでなく、度重なる発禁処分にもめげず、処分が出る前に定期購読者へ直接頒布する戦術や、発売と同時に購入する読者たちに向けられた賞賛であった。

さらに尾崎は、一九二〇年代から三〇年代にかけて刊行されたプロレタリア文学の雑誌『文芸戦線』（文戦）についても言及し、「山川均《やまかわひとし》一派の労農派と接近し、解党主義になり変った」と述べている。これは昭和二年（一九二七）、山川均の論文掲載をめぐって、文戦内に内紛が起きたことが発端であった。結局、文戦は労農派と呼ばれる人たちの根拠地となり、社会民主主義的傾向をもつようになった事実を尾崎は指摘して、この当時の日本プロレタリア文学の概観を、中国の雑誌に掲載したのである。

先の欧佐起の論文を誰が中国語に翻訳したかは不明だが、後者の白川次郎の論文の訳者は鄭伯奇であった。いずれにしてもこの頃は、日本のプロレタリア文学運動と中国の左翼文学運動との関係が、もっとも緊密な時期であったとされている。

魯迅との邂逅

尾崎が魯迅と知り合ったのは、左翼作家連盟（左連）の会合であった。魯迅の風格はよほど尾崎の心を惹きつけたらしく、陶晶孫、沈端光、山上正義、田沢清、水木両作らが魯迅の作品集の日本語訳を昭和六年（一九三一）十月、四六書院（上海の出版社）の『国際プロレタリア叢書』に収める際に、尾崎は進んで翻訳作業に協力している。

昭和五年九月十九日、魯迅の五十歳の祝賀パーティーに招かれた。この席にアグネス・スメドレーも来ていたので、三人は同じ卓を囲み、ドイツ語で話し合った。

魯迅はこのとき尾崎から受けた印象を、内山書店の店主内山完造に向かって、「尾崎はドイツ語のよくできる新聞記者だ。知識も広いし、人間もしっかりしている」と称賛したが、互いに思想的に共鳴するものがあり、信頼感をもったとも語っている（内山完造『花甲録』）。

日支闘争同盟、東亜同文書院との接触

尾崎は次に日支闘争同盟と積極的にかかわると、必然的に上海の東亜同文書院*の学生や卒業生と接触することになった。

＊東亜同文書院の前身は一九〇一年（明治三十四年）、東亜同文会（近衛《この え》文麿《ふみまろ》の父篤麿《あつまろ》が初代会長）の名称で上海に設立された日本人のための高等教育機関。日中の共栄共存と中国事情に精通した実務者養成を建学

の理念に、政治科と商務科が置かれ、一時は農工科、中国人対象の中華学生部も設置された。一九三九年（昭和十四年）、大学令により東亜同文書院大学に昇格したが、一九四五年（昭和二十年）八月、日本の敗戦により閉学となった。

日支闘争同盟は昭和五年七月、上海週報社の田中忠夫、中国共産党の理論的指導者・王学文を中心に結成された、自主的な社会主義研究会が実践団体に変身したもので、尾崎にとっては政治的アプローチへ変わっていくことを意味した。

そして尾崎と王学文との出会いは、尾崎から中国共産党に情報提供するきっかけと糸口が生じたという点で、大きな意味をもつことになった。王学文は中国共産党の機密情報を担当する中央特科の指導者的地位にあり、西北特別支部をへて中国共産党指導者たちに繋がっていたからである（福本勝清・解説『中西功《なかにしつとむ》訊問調書』）。

しかも日支闘争同盟は、中国共産党のオルグであるから、尾崎は「中共諜報団」に足を踏み入れることになった。実際、尾崎はコミンテルンの組織と繋がりをもち、中国共産党情報科の中核である中共諜報団と接触していくことになる。

だが尾崎の行動は対中国でいえば、第一次国共合作の崩壊、第二次国共合作、そして戦後の中国革命の勝利をへて共産党一党独裁の新国家という、中国のたどった歴史の流れのなかにあって、一定の評価は得られよう。

東亜同文書院の研究会、日支闘争同盟における尾崎の役割について、先の中西功が解説している。

昭和六年当時、東亜同文書院には中国共産主義青年団の細胞ができており、卒業生の西里竜夫、上海週報社の岩橋竹二、川合貞吉らのほかに、在校生の中西功、加来徹、安斎庫治、白井行幸、水野成、浜津良勝、日高為雄、河村好雄、新庄憲光、片山康弐、坂巻隆、高原茂、中村太郎、田中辰男ら三〇人にもおよぶ学生たちが集まっていた。その理論的指導者のなかに尾崎がいたのである。

さらに尾崎は、王学文を通じて会合などに招かれ、中国側からの情報収集と日本の情報提供をするようになった。その一方で共産主義の教養と革命の理論的指導者となったことは、ジャーナリストの一方で、評論家・諜報員という、尾崎秀実の異なる顔が見えはじめている。

日支闘争同盟の戦術

川合貞吉によれば、日支闘争同盟は日本の陸戦隊に向けて反戦工作を行っていたが、東亜同文書院在学生の安斎庫治、白井行幸、水野成らも参加していた。

彼らは日本の練習艦隊が毎年世界の港を回るとき、上海に立ち寄るのに目をつけていた。海軍兵学校を卒業したばかりの士官候補生が見物に上陸してくると、そっと反戦ビラを渡したりしていたのも、この頃のことである（川合貞吉『ある革命家の回想』）。

同文書院における組織の運動は三つあった。第一は学内活動、第二は街に出て行う政治宣伝活動、第三は中国共産党の下にあった外国兵士委員会の日本人部を受けもち、アジア諸国の傭兵たちを工作する運動だった。

この外兵委員会の有力メンバーに台湾出身の楊柳青がいた。治外法権の権益に護られた列強側の人間である、上海同文書院の学生らを切り崩して引き入れたり、外兵委員会と日支闘争同盟の間の連絡係を務める男である。

尾崎を引き入れたのは、楊柳青か王学文か不明であるが、尾崎が革新思想の若者の会合に出ているうちに目をつけたようである。

この外国兵士委員会は、日本、フランス（実際にはベトナム兵）、アメリカ、イギリス、イタリアなどの、陸戦隊や兵隊を駐屯させ、かつ傭兵を備えている国の共産主義者が結集し、それぞれ自分たちの組織的工作隊をもっていたが、先の日本の練習艦隊へのビラ配りもその一つであった。

いずれにしても、このような研究会や組織的活動は日本では不可能で、国際都市上海ならではの光景であった。

この頃講師の尾崎は、「外兵工作も大事だが、同文書院の同志たちがそれぞれ卒業し、中国にある新聞社や会社・官庁などに腰を落ち着け、そこで有益な仕事をすることは大切なことであり、こうした方面の努力も考えねばならない」（福本勝清・解説、前掲書）と言っていた。

将来の日支闘争同盟の指導者やシンパの供給源である東亜同文書院で、尾崎が進んで指導していた理由もそこにあったとみられるが、若者の指導が好きな尾崎は、学者・教育者の素養も見せている。

後に東亜同文書院の教授になる野沢房二が書き遺した膨大な遺稿に目を通した渡部富哉が綴った論文「野沢房二の孤高な闘い」（社会運動資料センター）には、野沢の尾崎観が綴られている。

野沢房二

尾崎秀実という人物は今から考えても大人物だった。どう見ても中国共産党あるいは日本の共産党とも連絡があるらしく、朝日の記者であるにもかかわらず、彼の観察は単なるジャーナリズムに止まっていなかった。学者としても大したものだった。

研究を続けることは、「それがインテリに与えられた使命であり、正しい道である。君が同文書院の教師として来た以上は、一日でも長く同文書院にいて学生に学問的指導を頼みたい。君は純粋学問のみで学生を指導してくれ」と言って最初から釘を刺した。

実践運動家ではなく、理論的指導であるようにと、野沢につけた注文は、尾崎自身の叶わぬ願望だったようである。

昭和六年（一九三一）秋になると、東亜同文書院の細胞は中共の機関紙「紅旗《ホンチー》」や細胞新聞「布爾塞維基《ボリシェビキ》」などを学内で印刷、配布するようになった。

その一方で尾崎を講師にした研究会が週に一度の日程で、花園里の尾崎宅で密かに行われていた。この頃には、尾崎は東亜同文書院細胞の中心的存在になっていたのである。

渡部富哉ら三人の聞き取り調査（昭和五十八年〈一九八三〉十月四日）によれば、東亜同文書院の研究会では、コミンテルンに加入するための二十一ヵ条も採り上げたと証言するのは、当時、在学生だった安斎庫治である。

そのとき尾崎は学生たちに、「死刑法になった治安維持法のような法律のある日本では、共産主義者とは分からない共産主義者を作ることが必要だ」と言ったという。尾崎は自己の問題として言ったはずだが、安斎たちにその意味がわかったのは、尾崎が処刑された後、そこに至るまでの過程を精査してからであった。

尾崎の第二〇回検事訊問調書によると、「週に一度、日曜日に加藤宋太郎、安斎庫治、中西功、水野成、白井行幸らが花園里の私の家に集まり、ブハーリンの『史的唯物論』の研究会を開いた」とある。だが学生のこのような行動は、日本の上海領事館警察に摑まれていた。東亜同文書院の左翼学生を検挙する機会をうかがっていた領事館警察は、遂に安斎、加藤、白井、岩橋、水野、中西らを検挙し、同時に東亜同文書院の学生寮へ手入れを断行した。

『外務省警察史』によれば、「安斎庫治、岩橋竹二、白井行幸、他一名を検挙し、領事館において治安維持法違反により起訴した」とある。このとき尾崎は指名手配された中西を自宅に匿《かくま》い、岩橋の身柄引受人になっている。

中国の共産主義と尾崎の立場

日支闘争同盟がまだ読書会であった頃は、王学文が理論的指導を担当し、田中忠夫が中国の政治経済の諸問題について講義していた。

当時の学生の証言では、ときには文学論を採りあげることもあり、東亜同文書院の教授を通じて、田漢や魯迅が堂々と講義することもあったという。

尾崎も王に乞われて講師を務め、マルクス理論を解説したこともあった。日支闘争同盟を組織するために日本人と接触する機会を狙っていた王学文に、尾崎は目に叶ったのである。

中西功によれば、王学文は京都大学を卒業した理論家で、河上肇《かわかみはじめ》の弟子であった。日本語も達者で、上海に戻ってからは左翼社会科学の指導者として中共の江蘇省委員会委員、最後には中央（延安）に行き、マルクス・レーニン主義学院の副校長を務めた。さらに王は、先の社会主義研究会でずっとチューターを務め、トロッキズム批判などを解説している（中西功『中国革命の嵐の中で』）。

では尾崎、王学文が学生に講義するマルクス理論、共産主義理論は、目の前に広がる中国の現実、この国の共産主義とどうかみ合うのか。

中国の共産主義について、スメドレーは『中国の歌ごえ』の中で、「この国の共産主義は真の共産主義と違い、ソビエトと関連性がなく、単なる地方的農業革命に過ぎない」と指摘する。

確かに中国共産党は、土地所有形態に封建制度が根強く残る農村地帯を組織化し、各地に支部を置き、戦術面ではそこを拠点に民兵やゲリラ戦法を得意として活動していた。

だが中国全体を通して見てみると、蔣介石軍と紅軍はあるときは合作し、あるときは離れて死闘を繰り返す。国民党が欧米の列強や国内の財閥を頼みにすれば、共産党にはソビエトが背後から手を差し伸べてくる。しかも、それぞれの陣営内部は決して一枚岩ではなかった。

そのため尾崎は、中国革命の推移と共産党中央の戦略、戦術を注視してはいても、実情を摑み切れていなかったとみられる。自身、上海の共産党地下組織とは繋がっていても、党の中核部分とは繋がっていなかったからである。その点、中央指導部の朱徳や周恩来、毛沢東らと、直接パイプをもつことになるのは、スメドレーであった。

それでも尾崎とスメドレーには共通する視点があった。「虐げられてきた中国民衆への味方」「共産党による中国革命の勝利」「民族の独立」がそれである。しかも、中国革命の勝利はコミンテルンが掲げる世界共産主義革命の重要な一部であり、一方、ソ連も中国革命が成功すれば、極東が安泰になる。そのとき尾崎、スメドレー両者の心的領域の頂点に在ったのは、コミンテルンという、信仰の対象である。

上海のゾルゲ国際諜報団

では尾崎が手を染めだした諜報活動は、当時の国内法のもとでは、どの部分が該当していたのか。これを判別するには、諜報活動の定義から見直しておく必要がある。

まずジャーナリストの情報収集活動と、諜報活動、つまりスパイ活動はどう違うのか。情報を最終的にどう国家の政策に反映させるかの命題に対して、「情報収集」→「分析」→「報告」→「政策」の流れの中で、一貫して双方の手法は類似していて、記者とスパイの区別は難しい。たとえていうなら、刑法が改正されていたとはいえ、昭和四十六年（一九七一）、沖縄密約問題を暴いた新聞記者の、外務省職員から機密文書を取得した行為では、どこまでが正当な行為とみなされるかが問題の焦点になった。

尾崎とゾルゲが逮捕された当初、二人とも「ジャーナリストとしての正当な情報収集活動」と主張したのもそのためだが、「情報」の種類が、政治・経済・民情に関する情報であれば、問題は軽微のはずだった。

だが、軍閥が独自の国家シナリオを描いて独断専行する、かつてなかった日本の権力機構のなかにあって、尾崎らの行為は、主として思想の取り締まりを対象にした治安維持法のほかに、軍機保護法・国防保安法・軍用資源秘密保護法といった、スパイ防止、軍事機密の漏洩防止のための法律違反が問われたことである。

しかも世界共産主義革命を標榜するコミンテルンの不気味な脅威に加え、満州と国境を接する強力な赤軍の軍事力、泥沼化した日中戦争、暗礁に乗り上げた日米関係を背景にした、戦時・準戦時体制下での活動だったところに、尾崎らの活動の特異性があった。

スパイ活動は通常、自国や自らの帰属する組織に利するのが目的であるが、尾崎の場合は帰属性をもたないソ連と中共の勝利のために、日本の情報を提供していた。彼がスパイ行為にはしったのは、単なる価値観の共有ではなく、自国の国家体制、なかでも軍部主導の体制打倒が根底にある。

そのために尾崎個人としては、コミンテルンが掲げる世界共産主義革命を信じていくしかなかった。だが一方のゾルゲは、世界革命など夢想にすぎないと、すでに気が付いていた。

ゾルゲがそのことを確信するのは時間的には少し先のことになるが、昭和十年（一九三五）夏、東京にいたゾルゲが、いったんアメリカ経由でモスクワに帰ったときのことである。自分を送り出した諜報担当部署の赤軍第四本部が様変わりしていただけでなく、スターリン体制の強化で、コミンテルンが弱体化している空気を、敏感に感じ取っていたのである（ロバート・ワイマント『ゾルゲ　引き裂かれたスパイ』）。つまり尾崎とゾルゲ両者の間にある、理念の決定的ギャップがここにある。

そしてゾルゲが戻った東京の空気は、ドイツの急接近であり、しかも日本陸軍の主流が親独派だったことから、かなり高い確率で日独同盟が締結され、ソ連は挟み撃ちに遭って窮地に立たされる。

加えてヨーロッパの空気がファシズムの脅威、第二次世界大戦勃発の危機が垣間見えてきたこの時期、ゾルゲはソビエト連邦を守る赤軍の勝利という、現実的な目標に自身を切り替えていたことは、現在モスクワで開示されている二〇〇通の東京電の内容が物語っている。しかも、その東京情報の多くに、尾崎がかかわっていたという、厳然たる事実もある。

歴史の文脈としては、少し先に行きすぎたが、ゾルゲは動乱の渦中に翻弄された中国民衆の姿に同情はしていても、彼の役割はあくまで祖国を守る智の戦士だったのである。

そのためスメドレーや尾崎と違って、中国、とくに上海という都市は、ゾルゲにとっては情報収集の場所にすぎなかった。尾崎は事件発覚後、上申書㈠（『現代史資料』2）のなかで述べている。

深く顧みれば私がアグネス・スメドレー女史や、リヒャルト・ゾルゲに会ったことは、私にとってまさに宿命的であったと言いえます。私のその後の狭い道を決定したのは、結局これ等の人との会逅《（ママ）》であったからであります。これ等の人々はいずれも主義に忠実で信念に厚く、かつ仕事には熱心で有能でありました。

もしもこれ等の人々が少しでも私心によって動き、或いは我々を利用しようとするが如き態度があったならば、少くとも私は反撥《はんぱつ》して袂を分つにいたっただろうと思いますが、彼等ことにゾルゲは親切な友情に厚い同志として最後まで変ることなく、私も彼に全幅の信頼を傾けて協力することが出来たのであります（『現代史資料』2、ゾルゲ事件㈡）。

そこには、痛ましいほどにゾルゲに忠誠を尽くす尾崎の姿が見えている。そして逆にゾルゲから見た尾崎は善良で純粋で、インテリにありがちな驕《おご》りや学歴をひけらかすこともない。ただ権力には背いても、権威には弱いという、高学歴の人間に多い特質を見抜かれていたというほかはない。

第一次上海事変を目の当たりに見た尾崎

昭和七年（一九三二）一月九日、上海の共産党系新聞「民国日報」が日本に対する不敬記事*を掲載すると、九日後の十八日午後には、中国人と見られる不審者から、日本人の日蓮宗僧侶二人と信者三人が、共同租界の日本人居留民区に近い楊樹浦《ようじゅほ》で襲撃され、一人が死亡、二人が重傷を負う事件が起きた。

＊昭和七年一月八日、桜田門付近で天皇の乗った馬車に向かって、朝鮮人・李奉昌が投じた手榴弾が、別の馬車の後輪付近で爆発し、近衛兵一人が負傷した桜田門事件が起きた。その翌日、上海の共産党系新聞「民国日報」が「不幸にして僅かに副車を炸く」と報じた。

満州事変の推移に注がれた世界の目を転換させるために仕掛けた日本軍の謀略であったことが後に判明しているが、以後、第一次上海事変に発展していく現地の模様を、新聞記者尾崎は、つぶさに見ることになった。

だが緒戦で中国側の第十九路軍*の抗戦は日本海軍陸戦隊を圧倒して、陸戦隊は日本人居留民区の虹口《ホンキュウ》に追いつめられ、にっちもさっちもならない戦況となった。このため大阪朝日新聞上海支局も戦禍を避けて万歳館という旅館に移らざるを得なかった。

＊国民革命軍の第十九路軍は三個師団からなり、兵力は三万人以上あった。江西省における紅軍との戦闘で損耗し、再編成のために南京・鎮江・蘇州・常州などに駐留したが、第一次上海事変では、上海付近に駐留していた部隊が、防衛に当たった。

この頃尾崎はヘルメットを被り、ゲートル巻姿でバリケードを潜り抜け、弾雨のなかを走り回っていた。

尾崎が深夜旅館に引き上げるとき、近くの海軍陸戦隊本部の前で、歩哨《ほしょう》から「誰かっ！」と咎められたという話を、このとき行動を共にしていた同僚の森山喬が「洒落男・尾崎秀実」に書いている。

野沢房二の遺稿を調査した社会運動資料センター渡部富哉代表の論文「尾崎秀実の上海時代の活動秘話」によると、

　野沢も凄まじかった戦場となった日本人街を見て回ったが、蘇州河沿いのツアイト・ガイスト書店は閉まっていて、書店主のワイテマイヤー女史は行方知れずだった。
　ようやく静安寺路の競馬場近くで、名前も以前と同じツアイト・ガイストとして、立派な書店を営業しているのを発見して安心した。すでに尾崎秀実は上海事変直後の一九三二年二月に日本に帰国していたので、彼女は心配して「尾崎はどうしているか」としきりに聞いた。

「尾崎には日本に恋人でもいるのか」などと聞いたりもした。ワイテマイヤーは尾崎の男らしさに惚れ込んでいたのかもしれない。その後、尾崎にその話をすると「いかに僕が女好きでも、あんなユダヤ型の鼻と体を見れば、豚の丸焼きを見るようなものだ」と言ったという。艶福家を自他ともに認める尾崎秀実の、人間らしい一面ではある。

それはともかく、いま目の前で起きている日中相撃つの光景は、尾崎の中国革命への理論的支援、革命の嵐の背後にある共産主義の祖国ソ連の防衛へと、思想ラインを強化させていくことになる。

5 ヌーラン事件による帰国

諜報機関が暗躍する上海

第一次上海事変が勃発し、激しい攻防戦がつづいていた昭和七年（一九三二）二月末、尾崎は突如、朝日新聞大阪本社に呼び戻された。当時上海支局は社員五人で、猫の手も借りたいほど多忙をきわめ、尾崎は激戦地の視察と取材に奔走しているさなかであった。

こんな時期の帰国命令は当然のことながら、上海に赴任してから三年半が過ぎたことによる定期異動などではなかった。足元の上海で「ヌーラン事件」が発覚し、ソ連の諜報団が動いている事実が明るみに出て、共同租界を管理する工部局警察から日本領事館警察に伝えられ、そこに尾崎の名があったことで、本社が急遽帰国命令を出したのである。

この「ヌーラン事件」によって、上海のソ連諜報団は壊滅状態に追い込まれ、中国から撤退せざるを得なくなった。ヌーランとは別のグループに所属したゾルゲも、この年昭和七年の年の暮れ、いったんモスクワに帰って行った。

だがそれほど大きな事件であるにもかかわらず、ゾルゲ事件関連の著作のなかで、ヌーラン事件について書かれた作品はF・W・ディーキン、G・R・ストーリィ著『ゾルゲ追跡』以外にはなかった。

そのヌーラン事件とは、前年の一九三一年六月十五日、上海を拠点におくコミンテルン極東局組織部長イレール・ヌーランが、共同租界の工部局警察に逮捕された事件のことである。ゾルゲの手記(二)によると、当時上海には諜報活動に従事するモスクワの赤軍第四本部が送り込んできたゾルゲ・グループのほかに、別途コミンテルンから送られてきたグループがあり、こちらは組織班と政治班からなっていた。組織班の任務はモスクワのコミンテルン本部、中共、上海のコミンテルン・グループの政治班との連絡であり、組織班の責任者がノウレンス、別名ヌーランであった。

一方、政治班はコミンテルンの総会で決定された中共に関する政治方針の代言者を務め、中国革命の諸問題についてモスクワの本部に報告することになっていた。

ヌーランの正体

組織部長イレール・ヌーランはスイスのパスポート名はY・ルージャク、本名はヤコブ・ルドニクといい、妻の名はタチアナ・モイエーセンコであった。夫妻はそのほかにもベルギーの二つのパスポート、一つのカナダのパスポートを所有し、別の名前で八つの郵便局私書箱と一〇ヵ所にアジトを持ち、さらに二つの事務所と商店を経営していたとされる。だがヌーランの正体は、ユダヤ系ポーランド人で、ソ連諜報機関の古参だったことである（『ゾルゲ追跡』）。

永世中立国のスイスだけでなく、北欧のフィンランド、ノルウェー、スウェーデンのように、世界からみれば軍事的、経済的ブロックの圏外にあって中立を志向する国々は、欧州各国に散っているコミンテルン要員の集合場所になっていた。そこでは互いの情報交換だけでなく、コミンテルンはそれらの国で一本釣りして訓練し、諜報部員として確保していた事実がある（川成洋『紳士の国のインテリジェンス』）。

先のヌーラン夫妻は表向きはスイス人だったように、日本にも出入りして、皇室に近づいていたエリザベート・ハンソンはスウェーデンの女流作家ということになっていたが、その実は、フィンランド人のアイノ・クーシネンだった例もあった。

ちなみに昭和十一年（一九三六）十月八日付『東京朝日新聞』社会面に、「瑞典（スウェーデン）の女流作家再び来朝」という、写真入りの記事には、「二年前日本に来たスウェーデンの女流作家エリザベート・ハンソン女史（三十七歳）が今春、ストックホルムで発行した『微笑む日本』をお土産に、十月七日の秩父丸でひょっこり来朝、帝国ホテルに入った」と報じている。

彼女は天皇主催の茶会に招かれたり、秩父宮に接触していた人物であった。弟宮で海軍軍令部にいた高松宮の情報などが秩父宮を通してこのアイノ・クーシネンに語られ、それがゾルゲに伝えられたと指摘されていることも、ゾルゲ事件の広がりの大きさを物語っている。

ではヌーラン事件発覚の糸口は何だったのか。ヌーラン夫婦は尾崎が赴任してくる半年前の一九二八年春、コミンテルンから上海に派遣されてきたが、このときすでにサイゴンのフランス刑事局は、上海のコミンテルン極東局の存在を知っていた。それから三年後の一九三一年四月、数人のインドシナ共産党員を逮捕したところ、彼らが上海のコミンテルン・グループと関係していることが判明する。

さらにこの年六月一日、シンガポールのイギリス警察が、マレー共産党と密かに交渉をもっていたフランス人のコミンテルン機関員を逮捕して調べたところ、上海のヒラヌールなる人物の私書箱の番号が出てきた。これらの情報をもとに租界工部局警察がたどって行き着いたのが、ヌーラン夫妻の存在であった。

夫妻が逮捕されたのは二週間後の六月十五日であるから、彼らとつながりのあるスメドレーへの監視が始まったのはその直後であり、そこに頻繁に出入りしていた尾崎も監視の対象になったのである。

アメリカ時代以来、スメドレーと親しくしていた石垣綾子は、彼女から直接聞いた話として、尾崎のことを『回想のスメドレー』に書いている。

スメドレーが指定された喫茶店に入っていくと、尾崎は快活な彼に似合わず沈んだ顔つきで、奥まったテーブルで待っていた。彼のもたらした知らせは、驚いたことに日本人スパイがアグネスの借りた同じアパートに移り住み、六ヵ月もの間、訪問者の顔ぶれを調べ上げていたことだった。

そして尾崎は上海の日本領事館警察に呼びつけられ、アグネスとの交友を微細にわたって指摘され、追及されて窮地に追いつめられた彼は是認せざるをえなかったこと、などであった。このことがあってまもなく、（第一次）上海事変となり、昭和七年二月、尾崎は朝日新聞本社詰めとなって上海を去っている。

スメドレーは石垣綾子にヌーランの名を明かしていないが、事件が発覚してから半年以上も監視の対象だったスメドレーが、その後も逮捕されなかったのは、租界の中でも幅を利かせる強国アメリカのジャーナリストだったためとみられる。

だがヌーラン事件の結末は、わずかに極秘の情報組織「特科」を除いて、上海の中国共産党の組織は壊滅的打撃を受けた。コミンテルンの極東局が崩壊し、モスクワ本部との連絡ルートと資金ルートが断たれたからである。

帰国していく尾崎

ヌーラン事件のあった昭和七年（一九三二）を契機に、『特高外事月報』は、スメドレーはソ連の情報機関員であると記載しているから、日本の特高もスメドレーに強い関心を示していたことがわかる。彼女のような非合法活動家が暗躍する上海には、左傾した日本人も大勢いるから、彼らが組織に引き込まれる危険性を危惧したことは間違いない。

実際、ヌーラン事件が発覚した昭和六年六月といえば、尾崎はスメドレーと中国革命の援護と日本の中国侵略の阻止のために活動していた時期であり、ゾルゲとも接触していた。

同じ上海では、東亜同文書院の左翼系学生たちが中国共産党指導のもとに共産主義青年団を組織し、中国共産党の外郭団体「外国兵士運動委員会」の責任者楊柳青《ようりゅうせい》の指導下に「日支闘争同盟」（一九三〇年七月結成）を作ってまもない頃であった。

したがってヌーラン事件の発覚によって、朝日新聞特派員としての尾崎の立場もさるところながら、彼と上海の中国共産党組織とのかかわりは、先細りしていったとみられる。

だが昭和六年、七年という年を概観してみれば、ヌーラン事件が明るみに出た三ヵ月後には、柳条湖事件が勃発して満州事変となり、翌年一月には第一次上海事変となった。この上海事変は、満州事変から列強の目をそらすために仕掛けられたとされている。

大陸を舞台に日本陸軍が放った野火は、遂に中国本土に飛火したのである。時あたかも中国革命の嵐、国際諜報合戦の緊迫した情勢に加え、未曽有の経済危機に苦しむアメリカ、経済五ヵ年計画で手いっぱいのソ連の実情を読んだ上での行動だったことが明白になる。

このように尾崎の上海時代は、内外ともに激動のさなかであり、そのなかにあって中国革命に向けた彼の行動は、心満たされないまま、次のステップ、東京を舞台にして、コミンテルンに向けた協力へと歩を進めていくことになる。

尾崎は、第一次上海事変の渦中にあった昭和七年二月末、妻英子と娘楊子を伴って帰国していった。上海の埠頭で見送ったのは、上海支局の同僚宮崎世竜一人であった。

事件の余波

ヌーラン事件は上海では衝撃的な出来事であった。だが海を隔てた日本でも官憲が注目していたことは明白で、昭和七年（一九三二）八月、夏休みで上海から神戸に戻っていた野沢房二も、この事件のかかわりで、神戸で一時身柄を拘束されていた（野沢房二の遺稿。前出渡部富哉論文に所収）。

上海のコミンテルン極東局はヌーラン事件によって壊滅状態になっていたとはいえ、いずれ組織は再建され、日本人がかかわる可能性があると日本の官憲はみていたからである。そのため野沢は身柄を拘束されたのだが、尾崎の身に及んでいないのは、単にスメドレーとの個人的関係者とみられていたからに違いない。

では野沢は何ゆえ逮捕されたのかとなると、コミンテルン極東局の連絡所となっていた「ツアイト・ガイスト」書店の女主人ワイテマイヤーと親しくしていたことから、いずれ組織が再建されれば、野沢は無縁ではあり得ないことになる。

だが身の潔白を主張した野沢はまもなく上海に戻り、ヌーラン事件の関連で、日本で検挙された顚末をワイテマイヤーに報告した。野沢の遺稿を検分した渡部富哉は「野沢房二の孤高な闘い」にこう記している。

当時ヌーラン事件の救援（活動）をしていたワイテマイヤーにとってはただただ驚きであると同時に、野沢の落ち着きはらった対応ぶりやヌーラン事件が海を隔てた日本へ波及し、こんな身近な者にも及んでいることに愕然とした。同時にこれがワイテマイヤーたちの信頼を得ることになったのも当然のことだ。

コミンテルン極東局の壊滅は、日本共産党にとってもその結果は重大であった。渡部は、論文「尾崎秀実の上海時代の活動秘話」（社会運動資料センター）に書いている。

日本共産党は活動資金、活動方針などをこのコミンテルン極東局を通じて受け取っていたからである。中国共産党が長征の末、延安を根拠地にしたことも大きな理由のひとつになっているが、コミンテルン極東局の崩壊によって組織替えとなり、日本共産党は極東局に代わる英語圏の地域組織の指揮、監督下に入り、アメリカ西海岸のロサンゼルスを拠点とする活動に移ったのである。

ヌーラン事件の発覚以前から、アメリカ共産党は鬼頭銀一《きとうぎんいち》らを送り込んで活動拠点としての上海ルートを拓いてはいたが、まもなく宮城与徳《みやぎよとく》ら在米の日本人を日本に送り込んでくることになる。

6 帰国後の尾崎

密かに中国と連絡を取る

では帰国前後の尾崎は、官憲からどんな扱いを受けたのか。上海で租界工部警察がソ連の諜報機関員と睨んでいたアグネス・スメドレーとの関係を摑まれた尾崎は、日本領事館警察から厳しく訊問されたことは間違いない。したがって帰国後も当局からマークされていたはずだが、治安維持法は日本の国内法であるから、上海における日支闘争同盟やヌーラン事件とのかかわりも、処罰の対象にはならない。

渡部《わたべ》富哉《とみや》は、こう指摘する。

> だから帰国後の尾崎は平静にして、時を稼ぐ必要があったのではないか。左翼の前歴者が逮捕され獄中から出てくると、三年間は組織と連絡を断ち切るというのは、当局側の〝泳がせ〟を警戒した左翼運動の、きわめて当然で原則的な防御措置だったのである（「尾崎秀実の上海時代の活動秘話」社会運動資料センター）。

そこで大阪朝日新聞の本社に戻った尾崎であるが、大阪駅に帰り着いたときの光景からして、事情を知る者にとっては一風変わっているように映った。尾崎と一高以来の友人風間《かざま》道太郎《みちたろう》は、尾崎の妻英子から聞いた話として著書『尾崎秀実伝』のなかに書いている。

これによると、長崎から汽車で大阪に帰り着いた尾崎と妻子を、兄秀波《はなみ》がプラットホームに出迎えていた。かつては自分の妻であった英子が今は秀実の妻となり、上海滞在中に秀実のために女児を生み、その楊子を連れて帰ってきた秀実と英子を、秀波が両手を広げて出迎えたのである。

風間はこの光景を「尾崎秀実がだれからも憎まれない、同時に、だれをも愛することのできる性質の持ち主だったことを示している」と記している。

一家はその後、阪急沿線の兵庫県川辺郡稲野村御願塚《ごがづか》に居を構え、そこから大阪朝日新聞外報部に通ったが、「上海の生活に比べると、人並みの家庭生活のあの頃がいちばん幸せでした」と妻の英子が獄中の尾崎宛に綴っている。

だが国内の情勢は、急激にファッショ化の方向へ進んでいた。尾崎が帰国する直前の昭和七年（一九三二）二月九日には井上準之助《いのうえじゅんのすけ》が、三月五日には三井合名会社理事長団琢磨《だんたくま》が、ともに血盟団の凶弾に斃《たお》れた。さらに五月十五日には、犬養毅《いぬかいつよし》が白昼の総理官邸で海軍士官らに「問答無用」と暗殺された五・一五事件と、凄惨なテロ事件がつづいた。

さらに翌年二月二十日にはプロレタリア作家小林多喜二が築地署で警察の手によって虐殺され、五月には京都大学・滝川幸辰《たきがわゆきとき》教授の刑法学説が問題視されて大学を罷免された滝川事件（京大事件）のような、思想弾圧のテロが追い打ちをかける。まさに昭和七年、八年は、昭和十一年と並んで、国内で起きた空前の暗黒時代を象徴する、特筆すべき年であった。

一方中国大陸では、尾崎の帰国とほぼ同時に満州国が建国され、日本軍の華北侵攻が着々と準備されていた。

そんな時代背景は尾崎にとっても、平穏な生活であったはずがない。先述のアメリカ共産党から送られてきた鬼頭銀一《きとうぎんいち》と、大阪、神戸、東京でも落ち合って会っていたのは、帰国後まもなくのことであり、中国にも極秘に出かけていたことも判明している。

尾崎は上申書㈠（『現代史資料』2）に、「私は上海での左翼との線とは一切関係を絶っていました。その間、わずかにスメドレー女史と簡単な文通があり、一度、北京に川合貞吉《かわいていきち》らの組織を作るのに助力するために、先行したことがあります」と綴っている。だが、「上海での左翼との線とは一切関係を絶っていた」のは事実でないことが、判明している。

まず尾崎は帰国した昭和七年十二月二十日頃、スメドレーから、二十九日に北京で会いたいと連絡を受けた。そこでいったん東京へ出て川合貞吉と落ち合い、二十五日川合とは別の船と汽車を乗り継いで、北京に向かった。会社には、満鉄大連本社に所用で出かけると口実を作ってあったが、「上海に行ってきます」では、大阪朝日が許可しなかったはずである。

北京では徳国飯店に宿をとると、スメドレー、川合もやってきて三人で会合、華北における日本側の動静を伝えた（以上、『尾崎秀実著作集』第五巻、三九五頁、風間道太郎『尾崎秀実伝』一八三頁）。

尾崎が上申書に書いた「川合らの組織」とは、以前からスメドレーが尾崎に再三求めていた、華北に情報組織を作る一件とみられる。

そして尾崎が彼らに伝えた華北情勢とは、明らかに昭和八年（一九三三）二月からはじまる日本軍の熱河《ねっか》作戦への動きである。実際、一月一日には中国と満州の国境山海関《さんかいかん》で日本軍と中国軍が衝突し、二月四日には熱河作戦が天皇に裁可され、四月十日には、日本軍は長城線を越えて華北に侵攻していた。

尾崎は後に東京に移ったゾルゲ国際諜報団にあって重要な役割を果たすことになるので、ソ連側へのスパイ行動が突出しているようみえるが、帰国後も中共側へ情報提供していたのである。

尾崎が上海にいた当時は、スメドレーのほかに、中共情報科（特科）に情報を伝えていたが、尾崎が育てた東亜同文書院の学生や卒業生の細胞もまわりにひかえていた。

だが帰国後は、尾崎情報の上海側の窓口はアグネス・スメドレーであり、彼女を通して対中工作が行われていた。尾崎と上海との連絡の仕事を引き受けていたのは中西功《なかにしつとむ》であった。

当時中西は、大阪天王寺にあった大原社会問題研究所に勤務し、笠信太郎《りゅうしんたろう》の下で『日本労働年鑑』の編集助手をしていた。東京大学を追われた森戸辰夫《もりとたつお》が事実上の所長で、大内兵衛《おおうちひょうえ》もときどき来ていた。

しかし中西が行けないときは、尾崎から紹介された〝さる人物〟が中西の代わりに上海側の間を取り次いだ。中西は「その人は今でも健在」（昭和四十九年当時）として名を明かしていないが、尾崎には中共と結ぶ複数のルートがあったことを物語っている。

尾崎が中西に依頼した仕事とは、情報を伝える以外に、スメドレーに日本の労働運動や白色《はくしょく》テロなどについて書いたレポートを送り届けることであった。それは上海発行の『中国論壇』（チャイナ・フォーラム）や『労働通信』（ワーカーズ・コレスポンデンス）などに発表されていた。

一方この頃尾崎はスメドレーの『女一人大地を行く』を英語から日本語へ翻訳する作業に従事していたが、そのなかに収録されている中国人の推薦文を、中国語から日本語に訳したのは中西であった（中西功『中国革命の嵐の中で』）。

東京に移ったゾルゲ国際諜報団――ゾルゲとの再会

上海から帰国後の尾崎は、ゾルゲとの関係は切れていた。だがそれから二年三ヵ月がたった昭和九年（一九三四）五月末のある日、南竜一と名乗る見知らぬ若い男が中之島にある大阪朝日のデスクに訪ねてきた。

男は尾崎を呼び出すと、「上海で親しくしていたという外国人からの遣いで来た」、「その人がしきりに会いたがっている」ことを告げた。

宮城与徳

その外国人とは、紛れもなくゾルゲだった。遣いの男の名字「南」は沖縄、「竜一」は琉球から取った名で、米国から戻っていた宮城与徳《みやぎよとく》の偽名であった。

尾崎がゾルゲと再会したのは、次の週の六月五日（日曜日）、場所は奈良公園内にある猿沢の池の畔《ほとり》であった。尾崎は三十三歳になったばかりだったが、この時を境に彼の人生の歯車は、とてつもない方向に走り出すことになる。

諜報団の外国人たち

ゾルゲはすでに前年の昭和八年（一九三三）九月六日、モスクワからアメリカ、カナダを経由して東京に潜入していた。永田町のドイツ大使館に出入りし、後にオット駐日大使の政治顧問となるが、尾崎と日本で再会した当時は、まだフランクフルター・ツァイトゥング紙の記者の肩書で偽装していた。

ゾルゲの日本潜入から二年数ヵ月がたった昭和十年十一月二十八日には、ドイツ人無線技士マックス・クラウゼンが、サンフランシスコから日本郵船の龍田丸で横浜に到着した。赤軍の無線学校で特殊技術の開発に携わった優秀な技師で、上海にいた頃、ゾルゲと仕事をしたことがあり、ゾルゲの要請をモスクワが受け入れて送り出した男であった。

諜報団にはもう一人外国から潜入した重要な人物がいた。ゾルゲの入国より七ヵ月早い昭和八年二月十一日、クロアチア出身のユーゴスラビア人ブランコ・ド・ヴケリッチが、妻を連れてマルセイユから横浜に着いた。フランスを発つときには大型週刊誌ヴィユーと契約してあり、妻がデンマーク人だったことも偽装に役立ったらしく、難なく日本に入国することができた。

ソルボンヌ大学を出てから、パリで仲間の若い共産主義者たちと政治論議に夢中になっていた頃、オルガと名乗るコミンテルン要員の女性から、一本釣りされて日本行きを勧められたのである。

東京に入ったヴケリッチは、電通ビルにあったフランスのアヴァス通信社（現ＡＦＰ）に席を置くジャーナリストに偽装していた。写真技術にも優れ、尾崎から提供された資料などを、マイクロ・フィルムに取り込むのは彼の仕事であった。

だが、ゾルゲとクラウゼンの場合は赤軍第四本部が直々に送り込む諜報員であるから、慎重を期してアメリカやカナダから日本に入国したのは、ソ連の臭いを消すためであった。

そしてこの三人のうち、無線技士のクラウゼンだけは貧しい石工の家に生まれたが、ゾルゲはドイツ人の父が石油技師、母はロシア人の資産家の出で、裕福な家庭に育った。ヴケリッチの場合は、父がオーストリア・ハンガリー帝国の軍人で貴族出身、母は資産家のハンガリー系ユダヤ人の娘であった。

欧米の諜報関係に詳しい法政大学の川成洋名誉教授は、こう語る。

スパイの第一条件は、毛並みの良さに加えて、熱烈な愛国者でなければならないことです。貴族の出とか、家柄のいい者は、金のために働くのではなく名誉のために働く。だから英国が育てたアメリカのＣＩＡの要員はほとんどが東部のアイビー・リーグ出身、英国の場合は、オックスフォード、ケンブリッジです。

マックス・クラウゼン

ブランコ・ド・ヴケリッチ

札束を積まれたり、女を与えられて転ぶようでは、スパイは失格です。哀しいかな、貧乏人や育ちの悪い者はこれに弱い。だからスパイになるには、その面でもストイックでなければならず、心は騎士道です。

諜報団にはそのほかにも、昭和十年（一九三五）夏、表向きの身分はロンドンの「ファイナンシャル・ニューズ」と「ニューズ・クロニクル」紙の特派員の男が東京に入った。ギュンター・シュタインという、イギリスに帰化したドイツ系ユダヤ人であった。コミンテルンを通じてモスクワの赤軍第四本部が、さらに外国人の諜報員を送り込んできたのは、それだけ日本陸軍の対ソ戦略に、危機感を強めていたからである。

そもそもモスクワに帰っていたゾルゲを東京に潜入させたのは昭和八年（一九三三）という年が、前年の満州国建国の勢いに乗って、陸軍が熱河作戦を決定して華北に侵攻して、北方を固めはじめたからであった。

さらにアイノ・クーシネンも初来日は昭和九年、二回目が昭和十一年であるから、日本の出方を探るためであることは明白であるが、別の任務も命じられていた。彼女の回想録『革命の堕天使たち』（平凡社）には、赤軍第四本部の創設者で部長のベルジンから、「生活を思い切り派手にして、日本の有力者に近づけ」「ドイツ人には近づかないこと」、さらに「ゾルゲと接触するな」と命じられていたと書いている。「接触するな」は、裏を返せば「密かに監視しろ」という意味にとれる。

そのほかにもゾルゲたちが知らない要員たちが、別途、モスクワから東京に送り込まれていた事実を、イギリスの東洋史学者ロバート・ワイマントは、著書『ゾルゲ　引き裂かれたスパイ』で指摘している。

だが先のギュンター・シュタインもアイノ・クーシネンも、ゾルゲ事件が発覚する前に日本を離れ、尾崎との接点も見当たらない。

まだゾルゲ諜報団が、東京で暗躍している事実が摑まれていなかった昭和十年（一九三五）当時は、モスクワが日本の出方を注視するレベルを上げていた裏返し現象ともとれるが、日本でも今まで以上に共産主義の脅威を警戒する事態が迫っていた。

同じこの年、昭和十年のコミンテルン第七回大会で決定された人民戦線戦術に、内務省警保局は神経を尖らせていた。それから二年後の昭和十二年（一九三七）十二月、コミンテルンの反ファシズム統一戦線の呼びかけに呼応し、日本で人民戦線の結成を企てたとして、労農派系の大学教授・学者グループらが検挙された「人民戦線事件」が浮上したのもそのひとつである。

この年の十二月に行われた第一次検挙で、向坂逸郎《さきさかいつろう》、荒畑寒村《あらはたかんそん》ら、学者・社会運動家、翌年二月の第二次検挙では、大内兵衛、有沢広巳《ありさわひろみ》らの大学教授らが対象になった。いずれも「国体変革」「私有財産否定」を目的としたとして、治安維持法で起訴された事件であった。

尾崎をスパイ容疑で取り調べた特高第一課の宮下弘は、人民戦線事件で大内兵衛を担当したが、後にこう回想する。「合法的な労農派、大学教授のグループ、文化人の集団の動きにも、人民戦線戦術の一翼を担う「コミンテルンの目的遂行」ということで治安維持法が適用されていたわけです。しかし私はそうではなくて、これは必ず人民戦線の核になる共産党の再建という動きが共産主義者のなかから出てくるに違いない、と考えていたのです」（宮下弘『特高の回想』）。

当時、壊滅状態にあった日本共産党の再建、さらに日米関係の悪化に伴って、アメリカから諜報部員が潜入する脅威が、以後、官憲にヒステリックなまでの警戒感を煽《あお》っていく。

7 近衛内閣嘱託

中国問題専門家尾崎秀実の重用

昭和十二年（一九三七）六月四日、日本中の期待を背負って若き宰相近衛文麿《このえふみまろ》が登場した。一方尾崎は、上海から大阪朝日に戻ると昭和九年五月にゾルゲと奈良で再会した後、この年の九月には東京朝日の「東亜問題調査会」の専門委員として、東京に転勤してきた。これは尾崎自らの働きかけによる転勤だったとされている。その尾崎が東京朝日を退社し、第一次近衛内閣の嘱託に就いたのは、近衛が就任して一ヵ月後に起きた盧溝橋事件が日華事変になり、一年が経過した昭和十三年七月のことであった。

尾崎がこの年六月のある日、一高時代の同級生で総理秘書官の牛場友彦《うしばともひこ》に会ったとき、牛場は「〝支那事変〟の処理は、近衛内閣に負わされた最も重大な課題だ。今まで支那問題と取り組んできたおまえの全力をあげて内閣に協力してくれ。ぜひ頼む」と大きな声で真剣に頼んだという話を、同じ一高同期の風間道太郎《かざまみちたろう》が牛場から聞かされていた（風間道太郎『尾崎秀実伝』）。

だが牛場の要請を尾崎は再三固辞した。そのときの心境を尾崎は検事の尋問に、「近衛さんによって何等かの新時代に対する役割を果たすことができるのではないか、という期待の点は素人筋に多かったのでありますが、近衛さんによって社会的変革の前駆的な役割を来すものと思わなかったのです」と答えている（第九回訊問調書）。

文字通り解釈すれば、尾崎には軍部の圧力下で近衛内閣の行く末が見えていたようである。あるいは内閣に入って国家機密に近づくよりも、一定の距離を置いて従来通り周囲の人間たちから情報を得て分析する、ジャーナリストの姿勢を貫きたい心理が働いたのかもしれない。

近衛文麿

だがその一方で、もしこの申し出を受ければ、ゾルゲからの要求がエスカレートして、内閣の最高機密にまで及んでくることは必至である。実際、内閣嘱託の任務はジャーナリストと違い、「情報収集」→「分析」→「報告」を超えて、「政策」の分野まで入ってしまうから、これは是非とも避けなければならない。

ジャーナリストのままでいれば、堀江邑一《ほりえむらいち》（マルクス系経済学者、戦後日本共産党入党）が指摘するように、「一部で言われるようなスパイとか売国とかではなく、真のマルクス主義者、共産主義者としての信念からする同志ゾルゲへの協力であり、その実体は科学的調査研究に基づく情勢判断、意見の開陳であったにすぎない」や、同志たちが一様に言う「情報を解説しただけ」という尾崎擁護論にも一理あることになる。

事実、ジャーナリストの世界では外国人同業者と情報交換し、互いの歴史認識をベースに解説を付して共有することは、珍しいことではなかった。だが内閣嘱託として国家機密を扱う立場で同様のことをすれば、近衛内閣の機密事項をクレムリンが知ることになるから、次元の異なる問題になる。あるいはさらにエスカレートして、クレムリンの要求にそって、ゾルゲから近衛内閣の「操作」まで依頼される恐れさえある。内閣嘱託を頑《かたく》なに断った理由はいくつかあっただろうが、これがもっとも可能性が高いとみられる。

だが内閣書記官長の風見章からも牛場と同じ台詞で迫られ、結局承諾してしまった。後に牛場は風間に、「尾崎と西園寺をくっつけたのもこの俺だし、嫌がる尾崎をむりやり近衛内閣に引き込んだのも俺だった。尾崎を政府の機密に近づけて、とうとうあんなことにさせたのには、俺に責任がある」と語っている（風間道太郎、前掲書）。

だが日華事変の膠着《こうちゃく》状態に日米関係の悪化が重なり、時代は昭和のもっとも難しい時期に入ると、尾崎にとって事態は危険な方向に動きはじめていた。近衛内閣の嘱託として内政・外交・軍事など多方面の国家機密に接し、評論家としても活躍する尾崎に、それまで以上に官憲の目が注がれるようになったのである。

特高による内偵のはじまり

昭和七年（一九三二）三月初旬に上海から戻って以来、官憲が尾崎に注目していたことは先述の通りだが、昭和十一年から特高第一課第二係長を務めた宮下弘は、「（ヌーラン事件発生）当時のスメドレーは上海を拠点に活動していたアメリカ共産党員であり、大阪朝日の特派員だった尾崎とは、上海で接触したとみられるから、(以後) 国際的組織とつながる予感をもったのです」と述べている (宮下弘『特高の回想』)。

宮下が尾崎の内偵をはじめたのは、昭和十五年暮れからであった。かねてよりアグネス・スメドレーがソ連共産党と繋がっているとみていたところ、昭和九年八月に改造社から出版された彼女の著書『女一人大地を行く』を、「白川次郎」のペンネームで翻訳したのが尾崎であることを宮下が聞きつけ、動きだしたのである。

だが特高課長の中村絹次郎は、もっと早くから尾崎に疑惑の目を向けていた。『中央公論』昭和十四年一月号に掲載された尾崎の論文「『東亜協同体』の理念とその成立客観的基礎」を読んだ中村は、「尾崎は近衛内閣のブレーンになっているが、これはコミュニストである。それで宮下係長にすぐ尾崎を洗えと言った」という (宮下弘、前掲書)。

問題の尾崎の論文は、「武漢陥落後の新事態に対処する十一月三日 (昭和十三年〈一九三八〉) の帝国声明が、今次征戦の目的を「東亜永遠の安定を確保すべき新秩序の建設にあり」と規定してより以後…」ではじまる。

尾崎がいう十一月三日の帝国声明とは、この日近衛首相がラジオを通して国民に発表した「東亜新秩序」建設構想。骨子の「東亜協同体論」は、米英型の資本主義世界と共産主義圏に対抗できる、日・満・中国国民党による新ブロックの構築であった。日華事変の解決策として生まれた新構想だが、蔣介《しょうかい》石《せき》国民党に替わる、日本の後押しでできた汪兆銘《おうちょうめい》政権、さらに満州国を加えたニュー経済ブロックである。

ドイツが先に掲げた「ヨーロッパ新秩序」の構築につづいたこの近衛声明は、世界をいくつかの共栄圏に分極化する、のちの大東亜共栄圏に繋がる構想である。従来の英米主導型の体制と世界観から脱却をめざす日本の、自立した新体制とアイデンティティーの主張であり、その後の「自存自衛」もそこから派生した戦略であった。

さらにこの日近衛はラジオで、「この新構想は支那の征服にあらずして、支那との協力にある」、「更生支那を率いて東亜共通の使命遂行」を主張したが、これが東亜新秩序建設の特性と輪郭であり、ブレーンの一人尾崎にとっては建前論である。

だが尾崎は先の論文の後半で、「満州事変以後、日満支経済ブロック論がしきりに唱えられた時においては、この経済ブロック方式は、ひたすら日本経済の発展のために満州国および支那、とくに北支が補充的に動員せられるということを目的にしたのである（中略）。東亜協同体論の成立の基礎の一つが、以上のごとく日本の一方式によって、東亜諸国を経済的に組織化することが困難なりとの事実が明白となった結果にあった」と本音をもって指摘する。

満州と中国が日本から侵略されていると言っているに等しく、中村特高課長が「尾崎はコミュニスト」と断定した根拠の一つがここにあるとみられる。

聖戦と征戦

さらに先の論文では、国内で「聖戦」とされた日華事変を、尾崎が「征戦」と書いたことも、特高が尾崎を共産主義者と断定した根拠に加担したとみられる。

そもそも聖戦とは、西ヨーロッパのキリスト教諸国が聖地エルサレム奪還のために送った十字軍、ムスリムが非ムスリムに向ける強固な闘志ジハードのように、神の権威のために戦う宗教戦争を指していた。実際、神が前面に出てくると、彼らは生命を賭して、とてつもない戦闘意欲を掻き立てられたのである。

そこで大義名分が明確でない日中戦争では、軍や国家は神と仰ぐ「天皇のために」という、国民が納得しやすい価値観をもち出してきた。日清戦争や日露戦争では、この言葉はまだ明確には使われていなかったのである。

だが日本人は特攻隊がそうであったように、「天皇」をもち出されると、とてつもないエネルギーを爆発させた。事実、上官から「お前たちの崇高な行為は必ず天聴に達する」と言われ、「ハイ行きます」となったように、天皇の存在なしには、特攻はあり得なかったのである。

尾崎は共産主義者ではあったが、天皇制を否定した言動はみせていない。むしろ学生時代には、自らのアイデンティティーを国体に求める素朴な愛国者であり、その後、革新的思想に目覚めて行動するようになっても、天皇の存在は日本の運命として、自己のなかに封印したままだったとみられる。

とはいえ中国共産党のシンパである尾崎には、中国への侵略戦争に天皇をもち出して、「聖戦」としてしまう軍や国家に大きな抵抗感があったのは事実だろう。

建前と本音

その後尾崎は、「東亜新情勢の展望」と題した蝋山政道《ろうやままさみち》（東大新人会所属、政治学者）、石浜知行《いしはまともゆき》（マルクス系経済学者、九州大学教授）との対談で、東亜協同体論の構想によって「支那事変」の早期解決を図り、これを可能にする汪兆銘政権への期待感を述べるにとどめている。

席上尾崎は対米関係について、蝋山に「アメリカは対日輸出禁止までいくだろうか」と尋ねているが、尾崎は米英への視座に欠け、とくに日米関係の展望に明確なビジョンがなかったことをうかがわせる。

尾崎が東亜新秩序構想に近衛のブレーンの一人としてどの程度かかわったかについて、近衛内閣が蒋介石国民党と決別し、汪兆銘を担ぎ出した新たな南京政府樹立の仕掛け人は尾崎秀実だった、という指摘がいくつかある。その論拠の一つは、盧溝橋事件勃発直後の『中央公論』九月号（昭和十二年〈一九三七〉）に発表した「南京政府論」のなかで、蒋介石国民党は「半植民地的・半封建的支那の支配層、国民ブルジョワ政権軍閥政治である」と断定し、これと決別する道を探るべきである、と主張していることである。

これが翌年一月十六日に近衛首相が発表した、「帝国政府は爾後《じご》国民政府を対手にせず」につながったとみられる。

同じ昭和十二年九月の『改造』臨時増刊号にも、尾崎は注目すべき論評を載せていた。局地的解決も不拡大方針もまったく意味を為さずとして、重慶の蒋介石国民政府との講和はもちろん、戦線の不拡大方針に反対しているのである。

さらに同年十一月号に「敗北支那の進路」を発表して、「支那に於ける統一は非資本主義的な発展の方向と結びつく」と予見しているが、いずれも中国共産党による中国統一を見据えての発言である。

尾崎は本音と建前論をしばしば使い分けていたが、それが交錯して見えにくいこともあった。表の顔に幻惑されて、裏の顔を注視しても、ピントが合いにくかったり、合うまで時間がかかるということである。

尾崎は昭和十三年（一九三八）七月に近衛内閣の嘱託となったが、その年の十月、長江を挟んで武昌・漢口・漢陽が並行する「武漢三鎮」の占領があったときのことだった。

日華事変を通じて最大級の大がかりな作戦といわれた武漢攻略戦の際、尾崎はめずらしく積極的な発言をして周囲を驚かせ、過激な論文も発表していた。この攻略作戦についての尾崎の論文はいずれも雑誌『大陸』（改造社）に掲載された。

昭和研究会の本部が置かれた霞山会館の事務所で、尾崎が積極論を開陳したのを、会のメンバー酒井三郎が聞いていた。

私は、尾崎がある日目の色を変えて、昭和研究会の事務所に飛び込んできたときのことを思い出した。彼は、居合わせた大山（岩雄、新聞記者）と私に、「漢口を即時たたくべし、漢口は政治、経済はもとより、軍事、交通その他、大陸に残された大動脈の中心である。もし、この要路を押さえれば、直ちに中国の息の根をとめることが出来る」と言って、原稿用紙数枚の意見書を出し、「これを昭和研究会の名で、内閣や軍に出そうでないか」と熱心に主張したのである（酒井三郎『昭和研究会』二三三頁）。

しかし、事変の不拡大方針を根本方針としていた昭和研究会はこれを取り上げなかったが、尾崎の主張に昭和研究会のメンバーたちは一様に驚きを隠さなかった。

武漢攻略戦と並行して和平交渉も水面下で進んでいた時期のこの主張は、蔣介石の動きだけでなく、一方で数ヵ月前に出た毛沢東《もうたくとう》の『持久戦論』を見据えてのことに違いない。

さらに翌年昭和十四年（一九三九）春、尾崎は『中央公論』同年五月号に掲載された「事変処理と欧州大戦」がテーマの座談会の中で、次のように述べている。

僕の考えでは、支那の現地に於いて奥地の抗日政権（南京から重慶へ移動した蔣介石政権）に対抗し得る政権を作り上げること、そういう風な一種の対峙状態というものを現地に作り上げて、日本自身がそれによって消耗する面を少なくしていく。そういう条件の中から新しい、それこそ僕等の考えている東亜共同体、本当の意味での新秩序を、その中から纏めていくといふこと以外にないのじゃないか。

この発言からも、日本と蔣介石を戦わせようとした、尾崎の強行姿勢がうかがえ、蔣介石軍を叩くことが中国共産党側に有利に働くという、尾崎の本音がみえている。

これはまた、事変の早期完徹をめざす近衛内閣の方針にそった主張でもあるから、補佐する内閣嘱託としても建前論にそうことになる。

だがその結果は、国共合作によって中国共産党はまず蔣介石を抱き込み、その後日本が敗北すると、今度は蔣介石も台湾に追いやられ、日本と国民党政権を共倒れさせることができたことになる。

これは本音と建前が交錯して一体化した例であるが、尾崎の評価の難しさの一つである。尾崎の見解は、「日本はソ連、中国と戦うべからず」だったはずだからである。

だが尾崎の「中国と戦うべからず」にはもう一つのベクトルがあり、中国革命成就を望み、そのためには、蔣介石国民党壊滅に向けた眼差しがあることである。

尾崎の時計の振り子が蔣介石軍に向けられたときは「叩くべし」となるが、揺り戻し現象が起きて「中国人民」に向けられると、「中国から手を引け」となる。

尾崎の武漢攻略積極論は、同志的存在の中西や西里をも一驚せしめたが、尾崎はこの年七月に内閣嘱託になっていた。したがって、初秋に中支派遣軍と海軍が共同して漢口攻略の軍事行動を起すことを承知していた筈で、内閣嘱託として尾崎が積極論を主張したのは、彼の情報探知の素早さを示している。

先の酒井三郎は、「昭和研究会では、当時高橋亀吉（民間エコノミスト）なども漢口攻略戦を強調していたので、尾崎だけの意見でないにしても、その後、軍が漢口作戦に直進したのは、尾崎のこのような働きかけが、ある程度作用したといっても過言ではあるまい」と言っている。

このように、尾崎の真意はまったく別の所にもあるのは勿論で、尾崎の建前と本音の使い分けは、様々な誤解や疑問を生んでいる。

さらに次の古在由重《こざいよししげ》（「唯物論研究会」を設立。戦後は原水爆禁止運動に挺身。名古屋大学教授）の一文もそうである。

なにも当時は知らなかった私は、尾崎に詰問した。「君はこの（日中）戦争についていろいろ論じている。君の本当の立場はよく分かっているよ。しかし、やむを得ないとしても、歪められた君の文章を中国人自身はどんな気持ちで読んでいるか」。すぐに尾崎の返事が跳ね返ってきた。「そこが痛いんだ」。それを感じているならいいと心の中で私は思った（『尾崎秀実著作集』第一巻、月報「その日の前後」）。

米英との対立を鮮明にした近衛構想

東亜新秩序声明から十ヵ月後の昭和十四年（一九三九）九月三日には、欧州に第二次世界大戦勃発という新事態が発生して、日本の指導者たちは再び惑わされたが、新秩序建設に走った近衛内閣も官僚も陸軍強硬派の思索も、所詮はオポチュニズムでしかない。

日本は分極化した世界の中でどう生きていくべきか、米英主導の覇道と対抗するのか協調路線を行くのか、という根本的命題を前にして、真剣さが欠けていたのではなかったか。他力本願の小さな知恵に振り回されるのではない、堂々と正道を行く志向も気迫もなかったとしか言いようがない。

しかもこの新秩序構想には、「他国が日本の真意を了解し、新情勢に適応する政策をとるならば、日本は東洋平和のため、彼らと協力することを躊躇しない」とあるように、他国、つまり米英をはじめとする列国の排除が含まれていた。

このことについては、ワシントンの国立公文書館所蔵の、駐日米国大使グルーから国務省宛に送ったファイルのなかに見出せる。グルー大使が疑念を抱いたのは、先の「新情勢」の意味と、「他国が了解し…」以下の文言は、米英を締め出すばかりか、日本と同等の意志をもつ国が、新ブロックに参入するという意味にとれるからであった。

蔣介石政権はもとより、東南アジアの資源国も日本のブロックに入るように、勧誘しているとみたのである。オランダ、フランスがドイツの支配下に入る可能性が濃厚になってきたこのとき、日本は仏印を足場にして蘭印（現インドネシア）に触手を伸ばしていると映ったのだ。

近衛総理の「東亜新秩序」建設の声明は、歴史の流れの中できわめて大きな意味をもち、アメリカの対日政策に大きな変化を来す事案であったにもかかわらず、〝智の戦士〟として期待されている尾崎の、対米構想がまるで見えてこない不可解さがここにもある。

日華事変を拡大させ、さらに運命の日独伊三国同盟から北部仏印進駐、南部仏印進駐まで強行してしまったのは、すべて近衛内閣のときであった。内閣の責任の一端を負う者として、アメリカを深く研究した跡が見られない尾崎も、対米関係を悪化させた責めは免れない。

8 満鉄調査部

諜報のメッカに入った尾崎

昭和十四年（一九三九）一月四日、近衛内閣総辞職によって内閣嘱託を解かれた尾崎は、同年六月一日、満鉄本社調査部嘱託として、虎ノ門の東京支社調査室に勤務することになった。

だが尾崎は大阪朝日上海支局の記者時代から、上海満鉄事務所に自由に出入りしていたことは、先述の伊藤武雄が証言しているが、伊藤が企画、実施した『満鉄支那月誌』の協力者の一人となっている（伊藤武雄『満鉄に生きて』）。

また一高の後輩で、尾崎を生涯にわたって敬愛した大形孝平が、上海事務所調査室に勤務していたし、上海で尾崎の指導を受けた東亜同文書院の学生運動の中心であった安斎庫治《あんざいくらじ》、白井行幸、尾崎庄太郎、中西功《なかにしつとむ》などは、いずれも後年、満鉄調査部の職員として、尾崎とは親しく接触することになる。これは尾崎が、いよいよ情報収集の中枢機関に足を踏み入れたことを意味した。

調査部の使命

尾崎と台湾時代から浅からぬ縁でつながっていた満鉄初代総裁後藤新平《ごとうしんぺい》は、明治四十一年（一九〇八）、東京支社内にも東亜経済調査局を設立した折、「日本の南満州における横暴という非難を避けるにも効果がある。世界経済、東亜経済に関する資料を蒐集整理し、これを基盤にして日本、満蒙の経済的立脚点を知悉《ちしつ》せよ」と訓示した（鶴見祐輔『後藤新平伝』）。

これは、「日本帝国主義侵略の植民地経営会社満鉄」という諸外国から受けるであろう非難を予測していた後藤が、対抗策として打ち出した文装的防備、論理的武装のための、知の集団の創設であった。学術、植民地教育を通じて日本への信頼と崇敬を得ることになれば、有事の際の防御になるという思考で、十七世紀のフランスで、ルイ十三世に仕えたシュリー枢機卿の言葉「ペンは剣より強し」に通じる。

その後、強力なシンクタンク満鉄調査部は世界に広く情報網を持ち、民間企業としてその収集能力は世界に類をみないとまでいわれ、アカデミックな基礎調査、政治に間に合わせるための急いだ調査は主眼としない、を基本方針としていた。

だが留意すべきは、後藤新平のめざした調査部も東亜経済調査局も、日露戦争直後のことであるから、シビリアン・コントロールが効き、政府が軍を抑えている時代だったことである。

満鉄情報と尾崎

高邁《こうまい》な理念を掲げてスタートした調査部だったが、昭和に入ると軍が台頭してきたため、国策会社満鉄の調査部、わけてもその情報は軍事と切り離せない性格を帯びてきた。

そこで尾崎が職場として満鉄調査部を選択したのは、「ソ連防衛」を命題にする自身にとって、諜報活動にも最適の場所と判断したためとみられるが、尾崎はその経緯を、次のように語っている。

満鉄本社

満鉄は日本の大陸発展の最大の国策会社であり、尚、ソ連の極東と地域的に接壌する満州の開発を目的とするところに吾々にとっては大いに意義があり、殊に古い歴史と厖大な組織を持つ調査部は、豊富な資料と新なる情報に満ちて居りますので、これ等の情報資料は吾々にとってきわめて価値の高いものでした（『現代史資料』2、第二二回訊問調書、二二七頁）。

これを可能にしたのは、国策会社としての満鉄は資料収集のための資金も潤沢だったことである。

さらに満鉄調査部が、関東軍とは密度の濃い相互関係にあったことも、軍関係の情報収集に役立った。

私は満鉄及び満鉄関係者を通じ、政治、外交、経済等の諸情報諸資料を多量に入手し得たばかりでなく、屢々関東軍の動向延《ひ》いては日本の軍部の一半をも察知し得た（第二二回訊問調書）。

とくに陸軍関係には満鉄東京支社の内藤調査役が秀れた連絡ルートをもっていたし、参謀本部の嘱託になっていた宮島鎮治《みやじましんじ》もこのルートに属していたためとみられる。

では尾崎が諜報活動にかかわった情報のなかで、満鉄から得ていた件数はどれほどあったのかについて、東京支社調査室の宮西義雄は、尾崎に死刑宣告を下した判決文に列挙された訴因の分析を試みている。これによると、日本に関する諜報件数五二件のうち、満鉄情報がかかわっているものが二一件（ゾルゲに提供した調査報告書類は除く）で、約四〇％を占めていると指摘している（宮西義雄『満鉄調査部と尾崎秀実』）。

満鉄調査部が尾崎の諜報活動にとって、量的にも重要な情報源であったことを示しているが、質においても精度の高いものだったことは、尾崎自身が認めている。

「苟《いやし》くもそれが満鉄関係に於て入手された情報である限り、絶対の信用を置けるものと信じておりましたし、事実、満鉄が入手した情報などは狂いのないものでした」

しかし、質の高さに定評があった満鉄情報であってもなお、尾崎は決して単発の情報のみに信頼をおくことはなく、他のソースから得た情報と比較・綜合して、真実を見出そうと努めた。ジャーナリストの姿勢として当然とはいえ、学生時代から羽仁五郎ら学究との付き合いの中で培った素養も役立ったとみられる。

モスクワから見た尾崎秀実

『リヒャルト・ゾルゲ』のロシア人著者マリヤ・コレスニコワは、尾崎をこう評価する。

彼は得られた情報を他のデータと比較検討して予備的評価をしてから、まれに見る洞察力、分析能力を働かせ、さらに必要な情報の探究と最終評価を下した。このあとで、すべては各種機関や政府筋の者との雑談のなかで審議された。ゾルゲのところに行ったものは、そうした正確かつ最終的な評価だけであった。

このコレスニコワだけでなく、モスクワの尾崎に対する評価については、すでに多くの資料から見えている。いずれも評価が高かったということは、尾崎情報はソ連の政策に生かされたものが少なくなかったとみて差し支えない。尾崎は単に情報提供者ではなく、情報に対する解説者でもあった。

その点を尾崎は検事訊問でこう述べている。

私の情報に対する態度は、それぞれの細い情報を箇別的に漁《あさ》るという態度でなく、先ず何よりも自分自身の一定の見解を定め、全体の包括的な事実或いは流れの方向を作り上げるのに、個々の情報を参考にするという態度をとりました（第二六回検事訊問調書）。

また尾崎は、「情報はそれ自体大した意味はなく、むしろその底を流れている客観的方向を正確に知り、またはこれを予知することにある」という持論をこの調書でも述べているが、これは上海時代に同僚の宮崎世竜に語ったアドバイスとまったく同じである。

尾崎にとって情報と、歴史認識を基盤とする思想との一体化が諜報活動の底部にあり、このことが単なるスパイ活動と峻別されるべき点であろう。

ゾルゲは尾崎がもたらす情報が、モスクワでどう生かされたかについて、手記のなかでは大枠だけにとどめ、個々の事例を明確にしていないのは、尾崎裁判への影響を怖れてのこととみられる。

尾崎は満鉄の仕事をしていた関係上、多分に政治、経済情報を手に入れることができ、その一部はわれわれの仕事に利用することが出来た。時には純粋に軍事的な資料を入手したりした（ゾルゲ手記㈡）。

事実、調査部の高級嘱託として、著名な評論家として、尾崎はほとんどの情報を入手することができた。部内にあって自らも執筆し、他の調査員の報告書を取りまとめる任務も負っていたから、情報管理でも中枢の部署にいたことになる。そもそも彼の直接の業務が、東京支社調査室の情報管理・指導に当たる立場にあったからである。

これは満鉄側からみれば、「敵の眼は内部にあり」の典型で、今日的課題でもある情報管理システムの盲点が突かれる結果となった。

尾崎は先の供述のほかに、情報源を軍部、軍関係者から入手した、という供述もみられるが、満鉄調査部にいた海江田久孝《かいえだひさたか》は、「実際は満鉄を通じて得た情報であったことがしばしばあった」と書いている（海江田久孝『ゾルゲ事件と特高―或る被害者の手記』）。

つまり特高や検事から情報源を突かれたときの尾崎の供述は、正確でない場合があるという指摘であるが、軍も巻き込んだゾルゲ事件の裁判では、当初から軍が捜査対象から外されていたことを尾崎は知っていたためだろう。協力してくれた個人や組織を庇うために、軍部、軍関係者は尾崎には絶好の隠れ蓑になるからである。

調査部内の会議

調査業務は満鉄調査部の根幹であるが、尾崎はこの業務にも高級嘱託として参加し、大連本社や上海事務所、新京支社の担当者が一堂に会する会議にも出席していた。なかでも、

一　支那抗戦力調査委員会
二　世界情勢調査委員会
三　新情勢の日本政治経済に及ぼす影響調査報告会（戦時経済調査の関連調査）

の主力メンバーとして東京支社調査室の情報関係、主要調査であった総合調査にも関わっていたことは、泥沼化した日華事変、太平洋戦争前夜の日本にとって、きわめて重要な意味をもつ。

しかも尾崎は「概して内輪だけの会議というものは、比較的自由に討論なり発表なりできるものです。其の意味で満鉄内部の会議は、私の諜報活動に有利な資料を提供して呉れました」（『現代史資料』2、第二六回訊問調書、二八〇頁）と言っているように、気軽な空気のなかで情報収集できた。

これは先にコレスニコワが指摘した、「すべては各種の機関や政府筋の者との雑談のなかで審議された。ゾルゲのところに行ったものは、そうした正確かつ最終的な評価だけであった」の一例である。

さらに近衛内閣の解散によって内閣嘱託の任を解かれた後も、近衛文麿の若手側近たちによる政策研究会「朝飯会」のメンバーであった。この会合も尾崎が逮捕されるまで存続していたのであるから、こ

こでも打ち解けた雰囲気の中で、貴重な情報を得ることができたのである。

朝飯会は第一次近衛内閣時代の昭和十二年（一九三七）十一月からはじまり、第二次、第三次もつづき、その間、平沼騏一郎《ひらぬまきいちろう》、阿部信行、米内光政《よないみつまさ》の各内閣の時代でも、場所を替えて集まっていた。

当初は牛場友彦、岸道三《きしみちぞう》、西園寺公一《さいおんじきんかず》、尾崎秀実だけで毎週水曜日の朝、牛場の秘書官官舎に集まって朝食をともにしながら懇談していた。

その後、松本重治《まつもとしげはる》、蝋山政道、佐々弘雄《さっさひろお》、平貞蔵《たいらていぞう》、渡辺佐平、犬養健《いぬかいたける》、松方三郎が加わり、風見章書記官長もときどき顔を出した。いずれも各界の若手リーダーたちであり、尾崎とは親しい間柄の者ばかりであった。

こうしてあらためてみてみると、尾崎が満鉄調査部、近衛のブレーンといった、日本を代表する調査機関と政治の中枢に控えていた人物だったことに、驚きを禁じ得ない。ゾルゲ事件最大の特異性がここにある。

諜報活動の底流にあるもの

満鉄調査部に在籍しながら密かに進める尾崎の諜報活動は、自身の思想、歴史認識とどうかかわっていたのか。事件が発覚するまでの四十年の人生を概観すると、台湾時代と東京での学生時代に育まれた人道主義的思想から発し、上海時代の文化的・政治的実践の過程でマルクス主義に到達していた。

とくに国際的革命都市上海で受けた強烈な洗礼は、理論から実践へ駆り立てた。中国がかかえた矛盾と華やかさが織り成す国際都市上海が、尾崎をして指導する実践派へ推し進めて行ったのである。だが上海時代を含め、帰国後の東京時代には、軍閥主導のファッショ化が進むなか、日本のプロレタリアートが十分な党的組織をもっていない現状に、尾崎はしばしば不満を漏らしていた。実際、治安維持法の下で日本共産党は壊滅状態にあり、いくつかの細胞組織が地下で命脈を保っているにすぎなかった。

その焦燥が尾崎を突き動かし、ゾルゲとの関係を深めていった原動力の一つになったとみられるが、前出の宮西義雄は、「尾崎はゾルゲに協力する形で、コミンテルンの特殊な任務についたマルクス主義者ということであり、その思想は平和主義と反戦主義に貫ぬかれていた」（宮西義雄『満鉄調査部と尾崎秀実』）と指摘する。

尾崎の思想を平和主義・反戦主義とみるのは、尾崎の周辺にいた人間たちの平均的見解であるが、彼が日華事変の不拡大方針に反対していた事実と、どこに整合性があるのか。

中国大陸への陸海軍部隊の増派は蔣介石国民党の勢力を弱体化せしめ、中国共産党の勝利に帰結すると読んでいる尾崎には、その勝利のための手段とはいえ、「平和主義者、反戦主義者の尾崎秀実」に向けられた疑問のひとつがここにもある。

近衛のブレーンとして政治発言する尾崎の歴史認識の基軸は、第二次世界大戦を世界変革の過程とみていることにある。この状況下で尾崎が自らに課していた命題は、人類最初の社会主義国ソ連が中立国として戦争の渦中の外にあって安寧保持のための協力、中国における民族解放運動の核として、中国共産党の勝利実現への協力である。

したがって尾崎は、「日本帝国主義」を中ソとの結合に見合った体制へ変革せしめ、これにより東亜の被圧迫諸民族の解放が実現すると信じていたとみられる。この歴史認識が、尾崎をして日中戦争の早期解決、日米戦争の回避のため、近衛・ローズヴェルト会談の実現を近衛に進言させたと言ってよい。

だが現実は独ソ戦の勃発により、ソ連の中立国としての存在は破綻してしまった。そこで尾崎の任務は、諜報活動を通じて、ソ連防衛に力点が定まっていった。

日本軍のシベリア侵攻の日程を確実に掌握し、通報することにあったのみならず、自ら「シベリア傾斜論」*を以て、近衛側近を説得するという、本来の諜報活動では避けるべき政治活動を行った理由であった。

*尾崎のシベリア傾斜論について、西園寺公一が検事訊問調書（『現代史資料』3）のなかで述べている。「尾崎は「ソ連は立ち上がりは拙かったが、ソ連には底力があり、これはまだ出ていない。一度戦線が膠着状態になると、ソ連内部の崩壊の危険よりも、むしろドイツ内部に色々不満が現われてきて、対ソ戦ができなくなる可能性さえある」。日本の対ソ戦に関しては、「ソ連軍は相当強く、したがって犠牲を多く出すことを覚悟しなければならないのに比し、シベリアにはこの犠牲に値するだけの経済的の何物もないから、ソ連とは戦うべきではない」と意見を述べ対ソ戦に反対し、ことに牛場とは見通しをまったく異にし、盛んに議論しました」

しかし尾崎の発言と行動は、日本の敗北を前提とする、敗戦主義者とみる見解も少なくない。尾崎とは親の代から互いに親しかった脳科学者の柘植秀臣《つげひでおみ》は、日本のファシズムを長期間にわたって跳梁《ちょうりょう》させるか、それともできるだけ早く打倒するかについて、尾崎は後者の道を選んだ。その方が日本人民のためになると判断したと思う。したがって、尾崎は革命的愛国主義者、それと革命的国際主義者のとるべき道として、当時のおかれた条件から、敗戦主義の立場をとった（風間道太郎『尾崎秀実伝』）。

と指摘している。

この柘植の見解は、尾崎の一高以来の親友で日本共産党員の松本慎一と同じだが、尾崎が日本の敗戦を期した敗戦主義者なら、万一開戦となれば敗北必至の日米戦回避のために、近衛・ローズヴェルト会談を進言した事実と矛盾する。

日本のファッショ体制打倒こそ急務と考えている尾崎でも、根は愛国者であるから、敗戦主義者とみるには無理がある。それでなければ、後に自らアメリカにも行き、太平洋問題に奔走し、東亜新秩序の構築に奔走する尾崎の姿に、説明がつかないからである。

尾崎の情報源

尾崎は生来の人懐こさや面倒見のよさから、学友や上海時代にチューターとして指導した若者、記者仲間、満鉄の同僚のほかにも、会合などで親しくなった官僚・軍人など、幅広い人脈があった。彼の交友関係は情報源としてだけでなく、思想や人間性にかかわる貴重な存在であった。

なかでも一高、東大時代の学友たちは学窓の内外で互いに影響し合い、切磋琢磨してきた気脈の通じる仲間であり、すでに各界で重要なポストに就いている者ばかりだった。
だが事件発覚後は、彼らも事情聴取を受けたり、有罪判決後に獄死した者もいたりして、尾崎とは思想的立場を異にする、善意で協力した人間たちに、多大な迷惑をかけることになった。その多くは国防保安法の嫌疑によるもので、御前会議・枢密院会議・閣議など国家の最高機関の情報はいうに及ばず、諜報活動や治安を害する恐れのある情報の流布、国民経済の運用の妨げになるような、広義の国家機密の漏洩まで適用された。国防保安法違反の最高刑は死刑であった。
尾崎は上申書㈠（『現代史資料』2）にこう記している。

これらの関係の人々は多く立派な社会的地位を持つ人々であり、何より人間として私の苦しかった点は、これらの人々が全幅の信頼を私に傾けてくれたからこそ重大な国家機密をも打ち明けて相談し、意見をも交換してくれたのでありました。

と獄中の尾崎を苦しめた。
それでもゾルゲには慎重に伝えた。

仕事の性質上、情報の出所はゾルゲなどが特に問題にして追及するところでありましたが、私はなるべく個人の名前を示さず、私の責任において問題を綜合把握して告げるようにし、また比較的広い範囲のグループとして出所を告げるような方法を取ったのであります（前出上申書㈠）。

と述べている。
実際、ゾルゲは情報源にこだわったが、尾崎は牛場や西園寺らからの情報は実名をあげずに、「近衛に近いグループからの情報」と広義の帰属名を明かして伝えていた。ゾルゲも「モスクワへの報告書のなかで、私はこの連中を『近衛側近』と呼んでいた」と記しているが、「尾崎自身の豊富な知識と妥当な判断から出た情報でないとすれば、このグループから出たものに違いないと私は考えた」と述べている。

そこでゾルゲは手記の中で、尾崎の情報源を次の四つに分類している（『現代史資料』1、一八七頁）。

一、近衛側近グループ
二、満鉄
三、朝日新聞
四、軍事情報

尾崎の幅広い交友関係からすれば、ほかにも政界・財界・学界・メディア関係など多岐にわたるはずで、そのなかには昭和八年（一九三三）に発足した昭和研究会なども情報源の一つだったとみられる。

近衛文麿に近い後藤隆之助、蝋山政道が中心になって立ち上げた政策研究会で、当初のメンバーには前田多門《まえだたもん》、東畑精一《とうはたせいいち》、河合栄治郎《かわいえいじろう》、大河内一男《おおこうちかずお》、河上丈太郎《かわかみじょうたろう》、風見章、尾崎秀実などがいたが、後には海軍軍務局第二課長の石川信吾大佐、鈴木貞一《すずきていいち》陸軍少将など軍人も加わっていたことは注目される。石川は三国同盟締結や南部仏印進駐に積極的役割を果たし、東条の側近鈴木は、南進策を強く支持したことで知られる。

「憲法の範囲内の改革」「既成政党反対」「ファッショ反対」を掲げた会の趣旨から、民間人はリベラル派が主流だが、親独・対米戦積極派の軍人を入れたのは、正式な会員というわけではなく、軍の主流派、積極派の考えを参考に資する目的だったとみられる。

尾崎情報に対するゾルゲの評価

先の四点の情報源のなかで、ゾルゲは近衛側近グループを最も高く評価していた。

日本政府の政策の奥深くを覗き込むことができた点では、どんな詳細な資料の山にもまさること数倍で、きわめて貴重なものであった。一九四一年、尾崎が近衛公に会ったときの報告は、非常に重要なものとして私の記憶に残っている。それは近衛公が日華問題の解決を図り、外交面の衝突を避けようとしていかに苦心していたかを如実に示していた。第三次近衛内閣の対ソ政策および対米英政策を報せてくれた点は、どんな大量の政治的文書の羅列も及ばなかった（ゾルゲ手記㈡）。

だが近衛が総理を辞任すると尾崎は内閣嘱託を解かれ、側近グループからの情報の「度数は減り、その内容も、常に必ずしも正確ではなくなった」ともゾルゲは記している。

尾崎は朝食会にも引きつづき出席していたので、少なくなったとはいえ情報は継続的に入っていたはずだが、近衛が国政の最高責任者でなくなった時の側近情報に、ゾルゲは全幅的信頼をもてなかったとみられる。

最も低い評価は軍事情報であった。尾崎は参謀本部や陸軍省の中堅将校たちと付き合いはあったが、行き先の見えてこない日華事変の解決に苦慮する彼らから、中国問題の専門家として、逆に意見を求められる立場に置かれていたためだろう。

軍事の専門家でない尾崎は政治・外交の情報活動に主眼をおいていたので、軍事情報は「自然副次的断片的」なものになったと自身で認めている。有力な軍事情報の不足は、モスクワの評価のなかでもラムゼイ機関（ゾルゲ諜報団）の弱点として指摘されていたのは、それだけ尾崎への依存度が高かったことを物語る。

尾崎の朝日新聞情報については、彼の朝日時代の同僚で、同期に入社した田中慎次郎の系列につながる者が主たる情報源だったとみられる。

時間的には少し先になり、独ソ戦がはじまった昭和十六年（一九四一）六月二十二日から数日後のことになるが、尾崎は虎ノ門の満鉄東京支社調査室の自室で、当時東京朝日の政治経済部長だった田中から、貴重な情報を得ていた。

　独ソ開戦により、六月二十三日に日本の陸海軍が首脳会議を開いて、今後の国際情勢の変化に応じて南も北も同時にでもやるという南北統一作戦を決定したと聞きました（第一七回刑事訊問調書）。

尾崎も言っているように、従来から日本陸軍は対ソ戦略が命題であり、海軍は太平洋作戦—対米軍事行動が目的であるから陸海の外交政策も異なる上に、日本の国力から両面作戦はとれない。

そこで田中から得たこの貴重な軍事情報は、東京朝日には磯野清のような陸軍省詰の記者もいたので、部下から田中への報告が尾崎に繋がった一例であろう。

中国大陸へ出張

尾崎は昭和十二年（一九三七）十二月から翌年三月まで、東京朝日新聞特派員として南京陥落時に上海・香港に派遣されているが、そこで彼は何を見たのか。

その間に報告書として書かれたルポルタージュとエッセイ（『尾崎秀実著作集』第五巻に所収）には、直接南京を見ていないので、十二月十三日前後に起きた南京事件について触れた記述はない。

だが事件に関与したとされる第十六師団三十三連隊を取材して書いた小説『生きている兵隊』（中央公論社）の筆者石川達三の二審の裁判で、翌昭和十三年八月、尾崎は弁護側の証人として出廷していた。『生きている兵隊』は、南京に入城した日本兵たちによる惨殺・略奪・強姦・放火など、現地で聞き取りした生々しい証言をもとに書いた作品で、これが当時の新聞紙法違反に問われた。結果は筆者の石川と中央公論編集長・雨宮庸蔵に禁固四ヵ月、執行猶予三年、発行人・牧野武夫に罰金百円が科された。判決理由には「安寧秩序の紊乱《びんらん》」が挙げてある。

石川の事件とのかかわりでこの頃の尾崎の行動をクロノロジカルに概観すると、昭和十二年十二月から翌年三月まで、朝日新聞記者として上海・済南・広東・香港にいた。それから昭和十三年七月、朝日を退社して第一次近衛内閣嘱託に就任し、翌月八月三十一日に石川達三の二審裁判に出廷している。では南京事件を直接見ていない尾崎が、この事件で弁護側の証人として出廷したのはなに故か。石川の遺族（長男）の話によれば、石川は尾崎ととくに親しく交わった形跡はなく、遺族に尾崎のことを話したこともなかったという。

したがって、中国大陸に外国人も含めてメディア関係者に知友の多い尾崎であるから、中央公論から事件の一端を知り得た立場にいたとみられたに違いない。月刊誌『中央公論』にしばしば記事を書いている中国専門家として、同社から出廷を求められたのであろう。

法廷で尾崎は、石川と中央公論側の主張にそった発言をしたはずだが、判決文にも調書にも、尾崎に関する記述はない。だが報道の自由が著しく制限されていたなかで、法廷でのやり取りや、中国各地で知り得た情報に、新聞人尾崎には思うところがあったはずである。

さらにこの時期、戦火が中国大陸に広がる様相を見せるなかで、民衆の心底に何等かの変化が生じているのか見たかった尾崎だが、このとき訪れた中国各地では、「眼につくものはきわめて表面的な変化に過ぎなかった」と書いている。

出張のもう一つの目的は、戦線の行方の予測にあったが、近衛首相が国民に告げた「南京陥落は支那問題の序幕であって、真の持久戦はこれからはじまることを覚悟せねばならない」を引用して、「（蔣介石軍は）南京を逃れても重慶、さらに奥地に移って行くだろう」と予測している。

さらに昭和十四年（一九三九）夏にも香港・上海・漢口、翌年三月には、上海・北京・大連を訪れているが、この間に、広東占領、武漢三鎮攻略、日華協議の調印などがあった。しかしここでも、尾崎は「一番欲している支那の人心の変化はまだ本質的なものは見当らなかった」（前掲書）と記し、戦線は南にまで延びるに相違ないと見通した。

弱かった軍事情報

だがこのときの中国行きで、尾崎は諜報活動もしていた。現地で『チャイナ・ウィクリー・レビュー』紙に掲載された在支日本軍の師団とその所在地が記入された地図を見る機会があったのである。帰国した尾崎は、写し取ってきた師団名、駐屯地に現地滞在の知人や遭遇した慰問団、満鉄調査部から得た情報を肉付けしたうえで、ゾルゲと宮城与徳《みやぎよとく》に渡していたことが、尾崎の第二四回訊問調書に書かれている。

彼の行動歴をみると、以後も一年に平均三回、満州を含めて中国各地に行っている。同じ調書のなかで、玉沢光三郎検事の「軍事に関する諜報活動について述べよ」の問いに、尾崎は在満部隊の名簿、日本の重要な軍事工場、支那・満州派遣部隊名、海南島作戦、在満部隊の規模、陸軍の師団新編成表などを、直接または宮城与徳を経由して、ゾルゲに渡していたと陳述している。また「私はソ連極東軍の兵力が激減した場合には、日本軍はシベリアを奪取する意図で増強していたと観察しておりましたので、今後の対ソ政策を警戒する気持ちがありました」と、ソ連防衛のための情報提供であったことを認めている。

中国本土と満州に駐屯している日本軍の規模や駐屯地名は、日本がシベリアを衝く可能性を怖れるソ連には、貴重な判断材料であった。そこで尾崎から情報を得た画家の宮城はそれを地図に作成し、諜報団のユーゴスラビア人ブランコ・ド・ヴケリッチがマイクロ・フィルムに収め、上海でモスクワの連絡員に渡したり、東京狸穴《まみあな》のソ連大使館が仲介して、モスクワに渡っていた。

それでも尾崎がもたらす情報のなかでは、軍事情報が弱かったとされ、それはとりもなおさずゾルゲ諜報団の弱点とみなされた。

ソ連の関心は陸軍の装備や兵器の性能、なかでも戦車や大砲を製作する兵器工場の技術水準と生産能力にかかわる情報であった。尾崎の広い人脈からすれば入手不可能ではなく、実際親しくしている軍人もいたが、軍事情報が継続的でなく、いつも単発だったことがゾルゲには不満だったとみられる。

尾崎は「ゾルゲから軍事方面のことを盛んに聞かれましたが、その方面に知己もなく、また知識も乏しかったので、自分に最も適した政治外交方面の情報収集に主力を集注しました。軍事方面のことは吾々のグループに最も欠けて居た処で、ゾルゲも宮城もこの点に焦燥を感じていました」と陳述している（第二二回検事訊問調書）。

軍には警察の捜査のメスが入らないことを知っている尾崎であっても、やや後退した供述になっているのは、量刑を考えて避けた可能性が高い。いずれにしても、尾崎と軍人とのかかわりは今も解明されず、事件の闇の部分となっている。

満鉄調査部の極秘資料

満鉄調査部の資料のなかでも、東調情（東京支社調査室情報）による「特秘」「軍資秘」「極秘」の三つに分類された、きわめて機密性の高い内部資料がある。通常は各号とも七部しかタイプ印刷されず、大連本社には調査部資料課長と鉄道総局調査局資料課長に、それぞれ一部が送られて理事や部内の課長クラスに回覧された。残りの五部は他の支社の要の部署に送られたが、参謀本部にも一部は回っていたとみられる。

このなかの昭和十四年（一九三九）九月十八日付の「東調情第八号」のテーマは、「欧州戦争勃発ニ伴フ我対南方施策ニ関スル件」であった。十五日前の九月三日に第二次世界大戦が始まったことを受けて、対応策が陸軍省議で決定された後、閣議決定を経た極秘資料をもとに、東京支社調査室が作成した資料である。

資料の内容からしても、「本件取扱ニ当テハ特別ノ御注意ヲ払ハレ度部長供後ハ破棄相成度」と断り書きが付してあり、満鉄調査部のなかでも特に極秘扱いになった資料だったことがわかる。

作成には東京支社の「時局委員会」が当たり、調査主事の中島宗一、尾崎秀実、ジャーナリスト出身の伊藤好道《いとうこうどう》、同じくジャーナリスト出身の海江田久孝《かいえだひさたか》のほかに、主力調査員数人が担当した。

これには「当面の対南方施策」として、「帝国は欧州戦争の勃発の機を利用し、事変の処理促進の目的を以て南方に対し、積極的に輸出貿易の振興及び南方資源の利用に依る我が自給体制の強化を図ると共に、仏印方面よりする援護行為の徹底的絶滅を期す」とあり、施策の重点は「蘭印（現インドネシア）、仏印（現ベトナム）、タイ」となっている。

蘭印の石油、仏印は中国ルートの玄関口、タイは独立国ではあったが英国の影響下にあり、マレー半島の入口にある。

そしてヨーロッパに戦火があがった今、彼らの支配する南方資源国への影響力が手薄になっていることの機に乗じて、援蔣ルートを遮断して日華事変の解決を図り、かつ南方に進出する足掛かりを固める戦略である。そしてこのとき軍部の南方進出を支えるグランドデザインとなる資料作成は、満鉄東京支社の尾崎らが担当していたのである。

しかもこの資料は一年後、昭和十五年（一九四〇）九月二十三日の北部仏印進駐、同月二十七日の日独伊三国同盟締結と、さらに翌昭和十六年七月二日の御前会議で決定された「南方進出のためには対英米戦も辞さず」の帝国国策要綱、さらにこの月の二十五日から強行された南部仏印進駐へと進む、動き出した南進戦略の原案になっている。

この「東調情第八号」だけでなく、一連の南方政策にかかわる資料作成に、尾崎がどの程度関与したかは明確でない。だが少なくとも、南進政策の全体像から個々の計画案まで詳細に見ることができただけでなく、資料の作成面でも政府と軍に全面的に協力していたことが明白になる。これはそのままゾルゲに伝えられたが、これは尾崎の諜報活動のなかでも、ビッグ・スリーに入る重大かつ特異なものだった。

情報を密かに盗みだして伝えるスパイ活動でなく、ありていに言えば、「日本はこういう政策で行くから、ソ連の戦略に資してほしい」ということである。尾崎や彼の同志たちの論法で言えば、「情報と政策の共有」であり、尾崎は逮捕された直後、特高に「私はスパイではない。政治家である」と言った根拠のひとつがここにある。

そのほかにも、ゾルゲに渡された重要な満鉄資料のなかに、『東京時事資料月報』があった。勿論「極秘」扱いの内部資料で、社内では理事を筆頭に幹部と主要部署に配布されただけである。編集の指揮は尾崎が執った。伊藤好道や海江田久孝のほかに、尾崎自らも「欧州戦局の急転回と政局」（一九四〇年五月附第一〇号）、「第二次近衛内閣の成立と新政治組織」（一九四〇年七月附第一二号）、「対米交渉と南方問題」（一九四一年九月附第二六号）などを執筆した。いずれも、日本が直面した戦局絡みの政治問題を扱った論文ばかりである。

不許可の情報ほど価値がある

この『月報』は時局評論的色彩をもち、戦時下の日本の政治・経済の動向を一歩突込んで分析した情勢判断の資料であり、社外不出であるから、新聞掲載の禁止事項も十分に織込まれていた。

暗礁に乗り上げた日米交渉の打開に向けて近衛内閣が悪戦苦闘していた昭和十六年（一九四一）六月、交渉の進展状況にかかわる同盟通信の情報が、「新聞記事掲載禁止事項」に触れて差し止めになったことがあった。

海江田久孝が入手した同盟通信の不発表ニュースだったが、表に出なかった同盟情報はほかにもあり、尾崎はこれを自身の情報と見解を付してから、ゾルゲに伝えていた。

ゾルゲにとって、新聞で掲載されたニュースはさしたる価値はなかった。「同盟不発表ニュース」のように、検閲を通らなかった情報こそ価値が高く、「われわれはこれによって日本に於《お》ける政情の動向を探ることができ、政府の態度を知ることができた」（ゾルゲ手記㈡）と綴っている。

尾崎に漏れていた日米交渉の内容

だが先の日米交渉にかかわる同盟通信の情報について、尾崎が伊藤・海江田と討議した際、尾崎はいつになく緊張の面持ちで、「閣議の席で近衛首相は、日米交渉について外部に漏した者は、閣僚といえども容赦しないと言っているそうだ」と告げていた（『現代史資料』2、四一七頁。海江田久孝証人尋問調書）。同盟から情報をもたらした海江田に向かって尾崎が発したこの警告は、当然ゾルゲに漏らしている尾崎自身への警告でもあるが、裏返してみれば自身の潔白を装い、かつ、日米交渉を成功させたいという意欲の表明にもとれる。

第一次から第三次近衛内閣まで首相秘書官を務めた牛場《うしば》友彦《ともひこ》は、日米交渉の内容が漏れていた事実について、検事の訊問に次のように答えている。

尾崎が極秘の事柄を逸《いち》早く知って居たので愕然としたことが一度ありました。それは米国より第一回目の提案のあった日（一九四一年六月七日）かその翌日頃に、尾崎より是非訊きたいことがあるから会いたいとの電話があったので、満鉄の尾崎の部屋に行きました処、尾崎は出所は言えないが米国から重大な申し入れがあったそうだが本当かと申しました。

私は極秘にしていた事が、早くも尾崎の耳に入って居たので非常に驚き、全然聞いて居ないから知らぬと呆けて、一体どこから聞いてきたかとその出所を訊ねました。尾崎は自分には聞く所があると言い、新聞関係者から入手したらしいことを申して居りました（『現代史資料』3、牛場友彦証人尋問調書）。

これは満鉄の海江田が同盟から入手してきた情報のようであるが、ちなみに尾崎が内閣嘱託を務めたのは、第一次近衛内閣の後半だけである。第二次・第三次近衛内閣では、書記官長の冨田健治と知友の仲ではなかったので尾崎は外れていたが、朝飯会のメンバーとしては最後まで務めていた。尾崎としては、日米交渉の中味を牛場から聞き出したいところだが牛場は答えず、それどころか漏れている事実に驚愕したのである。牛場の検事調書の続きは、こうなっている。

私は知らぬが帰って訊いてみると其の場を誤魔化して同人と別れ、直ちに総理官邸に帰り、近衛総理にすでに秘密の漏れて居る事を報告しておきました。

当時このことは内閣に於いては総理、三長官（書記官長、外相、外務省亜米利加局長）と私が知っていただけで、厳重に外部に漏れないよう注意して居たにもかかわらず、逸早く尾崎にまで伝わって居たので、非常に驚いた次第でした（牛場友彦証人尋問調書）。

先に触れたように、牛場が尾崎に会ったのは昭和十六年（一九四一）六月七日かその直後のことであったが、これで近衛も牛場も、尾崎に警戒感をもったはずである。

したがって尾崎が近衛に直接、ないしは間接的に日米首脳会談を持ちかけたのは、それ以前の朝飯会の席上だったとみられる。

その後、駐日アメリカ大使グルーが近衛に呼び出され、人目を避けて芝白金の伊藤文吉（博文の子息）邸を訪ねたのは、八月二日か三日のことである。

ジョセフ・グルーの「個人覚書」によれば、待っていた近衛は、いつになく真剣な表情で、「ワシントンでの日米交渉では埒《らち》があきませんから、直接大統領と差しで会談したいと思います。そこであなたには、ぜひとも協力していただきたい」と依頼された。

だが当初は米国側も乗り気だったこの日米首脳会談は、結局実現しなかったが、近衛の側近たちの間では、会談の仕掛け人は尾崎だったことになっている。

『東京時事資料月報』の行方

尾崎は自らも執筆した『東京時事資料月報』について、調書のなかで述べている。

私はなるべく事実を曲げない態度で書きました。公刊物ではありませんから或る程度突込んだことが書かれており、従ってこの月報は吾々にとって貴重な資料ということができます（『現代史資料2、ゾルゲ事件㈡』二七三頁）。

内部資料という条件付きであるから、できるだけ本音で書くことができたと言い、判事に対しても、「これを一貫して見れば大東亜戦争に至るまでの、少くとも日本の政治上層部の動向の概略の推移が判るという種類のものでありました」と述べている。それだけ情報価値が高い資料だったのである。

そしてこの『月報』も、宮城を通じてゾルゲに手渡されていたことが判明する。逮捕後、激しい拷問に耐えていた宮城は、係官の隙を見て二階から飛び降り自殺を図ったが死にきれず、死の淵を垣間みた彼はその後、隠すことなく自供してしまったのである。

一方の尾崎は判事にこう述べている。

毎月規則正しく渡した訳ではありませんが、昭和十六年三、四月頃迄の間に約十冊位は渡したと記憶します。処が其の後会社の方で喧《やかま》しくなり、私にも雑誌一冊渡らなくなりましたので、其の後は私の執筆した分の抜刷りを同年八月頃渡しました。

尾崎の供述にもとづいて、検察当局も『月報』を「最も有力な情報源」とみて発見に努めたが、押収したのは十冊にとどまっている。『月報』は昭和十四年（一九三九）八月の第一号から、昭和十六年（一九四一）九月（第二六号）まで毎月刊行されていたが、発行部数も配布先も僅少であったことに加え、尾崎の検挙にともない発刊も停止され、部内で焼却が命ぜられたためである。

尾崎が執筆した代表的な論文は、「戒心すべき内政の弛緩状態」（『尾崎秀実著作集』第三巻に採録）、「欧州戦局の急転回と政局」「第二次近衛内閣の成立と新政治組織」のほかに、注目されるのは昭和十六年九月附第二六号に掲載された「対米交渉と南方問題」であった。その資料は現存しないとされるが、先の「東調情第八号」と時期が重なることから、その内容はほぼ同様とみられる。

「支那抗戦力調査委員会」と尾崎

泥沼の日華事変から抜け出す戦略に向けた資料作りが、満鉄調査部内で「支那抗戦力調査委員会」として発足したのは、昭和十四年（一九三九）六月のことであった。それまで大連本社や東京支社、上海事務所調査課などの分科会で行われていた調査と報告を、対中国問題に絞って統一することになり、問題の性質上、場所は上海事務所が拠点になった。

この年の十月に第一回目の中間報告会が上海で行われ、大連本社からは具島兼三郎《ぐしまかねさぶろう》、白井行幸、上海事務所からは中西功《なかにしつとむ》らのほかに、北京の華北経済調査室の関係者が出席した。東京支社の尾崎が出席していないのは、議題が経済中心だったためとみられる。

この報告会は中国における主要物資需給調査、日満中インフレ調査など、主として経済面からみた「支那の抗戦力」を推定し、将来の展望を予測する作業で、満鉄調査部が独自に調査してきた資料ばかりが使用されたと、中西は書いている（中西功『中国革命の嵐の中で』）。

翌年昭和十五年（一九四〇）三月、上海で執り行われた第二回目の中間報告会から尾崎も出席した。「日本戦時経済の現状」「日本国内再組織問題」「日本の支那事変の処理」「日独軍事同盟問題」が議題であったが、尾崎がどんな報告をしたかについては、出席していた中西功が「尾崎は政治方面の報告をした」と著書に回想しているほかには、第二回報告会の記録に、「（東京支社・尾崎秀実）最近日本政治情勢報告」として項目が記載されているだけで、内容は記されていない。

だがこの報告書の結論は、「支那における民衆動員の状況、それに対する政治的進歩の程度は大切なものである。かかる基礎の上にこそ抗戦支那の政治経済もあり得る。このことは同時に我国の対支政策において、非常な政治性が要求される理由ともなる」となっている。

遠回しではあるが、対日戦争に中国民衆、なかでも中国共産党が指導する農民層が、国民党による強制的な徴兵と違い、自分たちの民衆運動として対日戦に向かって動員される態勢が整いつつある現状下では、「日本の対支政策は武力によっては決して解決しない。政治的解決の外にとるべき道はない」ことを訴えたものであることが読みとれる。

「支那事変完徹」「完全勝利」に血眼になっている軍を相手に勇気が要ったはずだが、書いたのは尾崎であった。

満鉄上海事務所調査室の中西功は、報告会の後、直ちに南京総軍や新京の関東軍司令部で、上海会議の報告をしているが、予想通り一部の参謀たちからは非難や抗議を受けたという（中西功『中国革命の嵐の中で』）。

東京に戻った尾崎も参謀本部、陸海軍省や興亜院等に報告しているはずだが、確認できる明確な資料はない。

ではこの会議の報告会の内容を、彼は諜報活動に如何にして役立てたのか。尾崎は第二六回訊問調書の中で、三月の会議について、

主として上海（満鉄上海事務所）の調査員の苦心の調査報告、更にこれに対する質問応答の形で会議が進められ、奥地の支那抗戦力の全般を察知するにきわめて有益なものでありました。又日本の上海に於ける新しい経済政策を窺うに足る如き報告、共産党、軍の活動状態も参考となりました。

この内容の大雑把な結論をゾルゲに報告するとともに、会議の席上で配布された二、三の興味ある資料を、宮城を通じてゾルゲに提供しました。

と答えている。

渡された資料の一篇は、中西功が執筆した「支那軍政情況報告」で、中西が指摘する、政治が経済に優先するというのが抗戦力調査の基本であるとしている点が注目される。中西によれば、マルクス理論を踏襲したもので、この場合の「政治」とは「革命」を意味するとしているが、それをゾルゲがどう判断したのかに興味が湧く。

そもそもソ連にとって極東の脅威である日本の、中国での動向やそれを迎え撃つ中国側の態勢は、モスクワの重大な関心事である。そこに尾崎が政治篇を主導した「支那抗戦力調査委員会報告」が、中国共産党指導下の農民軍勢力が拡大の方向に向かっている現状を伝えているのであるから、コミンテルンが標榜する世界共産主義革命の理念にそう形が出てきたことになる。

満鉄調査部は一部から「満鉄マルクス主義」と呼ばれるほど、左翼思想の人間たちを大勢抱えていたことも、彼らの中国観に反映していた。中西がそうであったように、学生時代からマルクス系経済学に傾倒していた彼らにとって、中国大陸のスケールの大きさ、満州という大らかな地が、追い風となっていたとみられる。いわば自由な研究を可能にする空気があったということであり、軍の視線や内地の窮屈な空気からすれば遊離していた感は否めない。

ゾルゲに尾崎の口から伝えられた抗戦力報告会の内容と、渡された資料のなかで、尾崎にとって最も重要なのは、自身も出席した昭和十五年（一九四〇）十二月の「第四回支那抗戦力調査報告」である。

だが昭和十五年五月三十日、三十一日に大連で開催された第三回目の報告会までの資料は、満鉄調査部編『支那抗戦力調査報告』には収録されているが、第四回の詳細については記述が少ない。

9 三国同盟と戦争の危機

三国同盟と尾崎

第四回の「支那抗戦力調査報告」の一部は「三国同盟と支那事変に於ける政治と軍事」のタイトルであるが、満鉄調査部の宮西義雄は、「日本の南方進攻」の理論づけはすべて尾崎秀実によって行われたと指摘している（宮西義雄『満鉄調査部と尾崎秀実』）。

そのなかの「日本の南進とは何か」というテーマで尾崎は、三国同盟との絡みについて、次のように述べている。

　しかしこのことは、日本の決定的な南進が現在直ちに開始され、日米戦争が直ちに起こることではない。日本の南進問題は、三国同盟が以上の如き客観的意義を持つことと、従来の太平洋上における英米の優越的地位が未だそれほど大幅に破壊されていないために、主として英独戦争の推移に依存するものである。

と、客観的視点で冷静に述べている。

では、日本がいつ南進に向けてアクションを執るかについて、

朝日新聞

日獨伊三國同盟成る
ベルリンで調印を完了

畏くも大詔渙發さる

詔書

政治經濟軍事互助（有効期間十ヶ年）

內閣告諭

日独伊三国同盟成るの新聞記事（『朝日新聞』昭和15年9月28日付）

第一は英国の敗北が既に予想され、米国が独伊の南米に対する触手のために恐慌している時であり、第二は米国の両面作戦のための軍拡が完了するより以前である（バルカン問題の進展で西欧の均衡が大きく崩れ、而《しか》も米国が大統領選挙で混乱している時もその一時期たるを失わぬ）。

ところまでは、その時期が近いことを尾崎は予測している。ちなみに独伊の南米への触手云々とは、エルサルバドルが日独伊とスペイン内戦中のフランコ政権に先駆けて、満州国を承認した事実を指している。エルサルバドルとしては、フランコに忠誠を尽くす意味とみられるが、反フランコ勢力にコミンテルンから手が伸びている事実も背景にあった。

尾崎はその先を報告書にこう綴る。

かゝる時期までは日本に余程の自信の存在しない限り、対米関係は慎重たらざるを得ぬ。日米の対立は漸次尖鋭化しつつあるが、それが現実の武力闘争に発展するまでには未だ相当の期間がある。而してこの時期を決定するのは、極東の事件よりも英独戦争の推移である。而してこの期間は、専ら新飛躍のために準備しなければならぬであろう。

さらに報告書の次の記述は、内容からして昭和十六年（一九四一）七月二十八日に開始された南部仏印進駐直後か、前年九月二十三日の北部仏印進駐開始直後のことになるが、「日本の仏印進駐は三国同盟の実質的成果である。しかもこの仏印問題は二重の意義をもっている。一つは南進の拠点であり、他の一つは、雲南攻撃の拠点である」とあり、三国同盟に賛同した書き方である。

ちなみに後者の雲南攻撃とは、米英と蔣介石《しょうかいせき》軍を結ぶ援蔣ルートを遮断して日華事変の解決を図るとする、軍当局の意向にそった報告である。

そして尾崎が先に指摘した「新飛躍のための準備」とは、日本が仏印を足掛かりにして、戦略物資の豊富なマレー半島、蘭印を獲りに行くことを指している。その先にみえているのは、米英との軍事衝突である。

さらに尾崎が強調したのは、「支那問題と南方問題を東亜共栄圏方式からして、民族問題として統一的解釈が必要である」であった。

共栄圏方式はそもそも近衛内閣が打ち立てた戦略であり、世界が分極化されていくつかのブロックに分かれている現状下では、欧米の支配に対抗して、「アジアはアジア人の手で」が根底にある。

したがって、尾崎が主張した「民族問題として支那問題と南方問題の統一的解釈」は、近衛のブレーンとして、先の「東亜新秩序」の理念にそった建前論と一致する。

そして支那抗戦力調査委員会における尾崎の主張は、彼の本音である「日本は中国から手を引け、ソ連と戦うべからず」が、結果的に功を奏すに違いないという読みがみてとれる。

そもそも昭和十五年（一九四〇）九月二十七日に近衛内閣がベルリンで調印した日独伊三国同盟は、ソ連を挟み撃ちにし、アメリカを欧州大戦に参戦させないための戦略であった。見方を変えれば、ソ連の対米接近を牽制し、日華事変の早期終結、極東の米英勢力を排除するためでもあった。

結果的に松岡洋右《まつおかようすけ》外相主導の三国同盟締結は対米関係に命取りとなったが、近衛は本心では反対していたと、戦後に綴った手記『平和への努力』のなかで述べている。

では何が近衛を同盟締結に踏み切らせたかについて、近衛は先の手記の中で、ソ連も引き入れ、四国による軍事ブロックを構築するつもりだったと語っている。

実際これを裏づけるように、ゾルゲ事件で尾崎の主任弁護人を務めた竹内金太郎の手記に、こう書かれている。「獄中の尾崎から、次のような話を聞かされた。ゾルゲを利用してソ連とわたりをつけ、尾崎が近衛の密使としてスターリンと会おうと試みていた、というのである」（竹内金太郎『尾崎秀実は間諜に非ず』）。

さらに竹内は、一文「尾崎秀実の裁判の弁護に立ちて」（『回想の尾崎秀実』）のなかでも、

尾崎はゾルゲの手づるで入ソし、直接に要人と日ソ提携の基礎を築こうと考えた。それにはゾルゲが最も大切であるから、これと着かず離れずに交ったのだとのことであった。瀞《せい》たる一新聞記者

に過ぎぬ身分としては、余りにも分外大胆の機略であるが、然《しか》し本人の志は斯《か》くの如くである。この直話は私の外、天下他に識る人はあるまい。ゾルゲは勿論知る筈はない。若しこの通りであるならば、役者はゾルゲより尾崎の方が数段上である。

と綴っている。

だが独ソ戦の開始により、四国軍事ブロック構想は潰《つい》えてしまった。近衛が「所詮は他力本願であったことが間違っていた」と回想するのは、戦後になってからである。

医者の誤診はしばしば患者の死に結びつき、政治家の判断ミスは、ときに国家・国民に敗北と重大な惨害をもたらす、の好例である。

そこで三国同盟締結と独ソ戦開始という現実を前にして、「日本の対ソ侵攻阻止」という尾崎の使命は、いよいよ現実味を帯びてきた。独ソ戦開始より二ヵ月と少し前の、四月十三日に日ソ中立条約が締結されているとはいえ、三国同盟があるから、日本はどう動くかである。

独ソ戦開始直後、駐日ソ連大使コンスタンチン・スメターニンが、日ソ中立条約を調印した張本人松岡外相を千駄ヶ谷の私邸に訪ね、「ぜひ中立条約の遵守を明言していただきたい」と念押ししていた。だが松岡は、独ソ戦開始により、ソ連を枢軸側に引き込む目論みが崩れたことで、「三国同盟はわが国外交政策の柱。日ソ中立条約がこの同盟に触れる場合には、三国同盟を優先せざるを得ない」と突っぱねてしまった。

だが尾崎ら東京支社調査室の報告書の見解は、「ソ連の崩壊はあり得ず、日本の対ソ侵攻は避けるべき」であった。「ソ連は崩壊するか否か」で、時の外相と尾崎の見解は、これほど開きがあったのである。尾崎が主導した資料の報告書にはこう書かれている。

日本は従来通り飽くまで枢軸陣営に立って世界戦争の一環として支那事変を戦うか、それとも英米陣営に参加して、その代償として一定の条件下で妥協するか、いずれかの態度をはっきり闡明《せんめい》しなければならない岐路に追いつめられた。

選択する途としては、「国力からして北進と南進の両面作戦は採れない日本であるから、必然的に二者択一になるが、今後の日米交渉は、やり方次第でまだ打開の余地があるというのが、尾崎らの見解である。報告書の結論は、

この余地を利用して、対米妥協を一時的にせよ図るべきである。その大義名分は、日本は世界戦争に中立的立場を採るということで十分である。アメリカは後顧の憂なしと、対独戦争に入ることが出来るだろう（昭和十六年度世界情勢調査委員会極秘満鉄資料『欧州大戦ト極東情勢』、宮西義雄『満鉄調査部と尾崎秀実』七九〜八〇頁）。

尾崎としては、ソ連防衛のために日本の軍事力を南方に向かわせたいところだが、結果は日本の敗北につながる。だが尾崎とて日本に生まれ育った以上、国家と日本人を愛することには変わりない。自身も揺れ動き、苦渋の選択だったはずだが、報告書には「まだ交渉の余地がある」という表現にとどめた背景とみられる。

その根底にある三国同盟の存在について、ゾルゲは獄中手記㈡（『現代史資料』1）にこう綴る。

コミンテルンにとっては、三国同盟は英米と日独伊との帝国主義戦争を傍観できる利点があった。だがいずれ日本もドイツも敗戦の憂き目を見るのは明らかであるから、そのときこそ、敗戦国に共産主義革命を起こす好機到来と私は考えた。

尾崎が三国同盟に反対の立場を取らずに黙認したのは、ゾルゲ同様、ソ連が傍観者でいられると読んでいるからとみられる。それにはドイツが日本にシベリア侵攻を督促しても、絶対に動いてはならない。先の尾崎主導の報告書が主張する「対米妥協を一時的にせよ図るべきである」は、日本が軍事行動に出るのを抑えてこの昭和十六年（一九四一）の夏と十月を無難に乗り切れば、冬期に入るシベリアでは日本は行動を起こせなくなる、と読んでいるためとみられる。

その後は、南進策を近衛首相の周囲の人間に進言するだけである。近衛は戦後になって、「あのときは何か見えない影に踊らされていた」と述懐しているが、その見えない影こそ尾崎にほかならない。そして南進は、結果的に米国の力の前に日本が壊滅することを意味し、尾崎の学友ら周辺の人間たちのなかに、「尾崎は敗北主義者だった」とする根拠のひとつとなっている。

戦中、戦後の展開をみると、日本は敗北し、中国は革命を経て中国共産党の支配下に収まったのは、尾崎の予測通りである。

だが日本は米国の占領下に入り、民主主義陣営に入って復興・繁栄の道をたどることになるのは尾崎には想定外の展開であるから、結果的に彼は日本の歴史の方向を見誤っていたことになる。尾崎は中国の専門家であったが、アメリカの政治と国力を知らなかったといわざるを得ない。

先の支那抗戦力調査委員会の直後、尾崎と上海で会った親友の柘植秀臣《つげひでおみ》は、尾崎が「俺の役割はこれで終った。もう死んでもいいよ」と言ったのを聞いていた。

柘植は書いている。

尾崎としては日本が英米と戦うことは日本（帝国主義）の敗戦につながると見抜いていたと思う。そこで、「俺の役割は終った。もう死んでもよい」といわしめたのである（柘植秀臣『東亜研究所と私』）。

「抗戦力調査委員会」で尾崎が南進の理論的裏づけをしたことは、日本は対英米戦が不可避となり、それによってソ連邦の安泰は保障され、日華事変の早期解決も可能にすると信じている彼の目的は、これで達成される道筋ができたことになる。

「死んでもいい」と言わせるほど、達成感に浸っている尾崎であるが、これには、次のような事情があった。

尾崎が柘植と会っていた同じ時期、尾崎が投宿している上海のホテルに同志の中西功が訪ねてきて、尾崎と長い話をしたが、中西は後にその一部を明かしている。

もう君は日本に来てはいけないよ。警視庁が君をマークしている。ぼくの身辺も最近どうも変なんだ。君にはもう会えないかもしれない。それで、とにかくお互いに連絡し合う方法を決めておこう。しかしわれわれは大きな仕事をした。もう天下の大勢は決まっている。私の胎《はら》も決まっている。あとは命のあるかぎり働くだけだ」と、対米英との開戦必至を口にしてから、別れ際にこう言った。

　俺がやられて、みんなに迷惑をかけてはいけない。もしそんなことがあったら、死にきれんぞ。お互いによく注意しよう（中西功『中国革命の嵐の中で』）。

尾崎はすでに、自分たちの回りに見え隠れしていた黒い影が、環をせばめて迫ってきていることを感じ取っていたのである。

昭和七年（一九三二）に発覚したヌーラン事件以後、尾崎は官憲にマークされていたが、昭和十一年から特高第一課第二係長を務めていた宮下弘によれば、本格的に特高が尾崎の内偵をはじめたのは、昭和十五年暮れからであるとしている。

時期的にはもう少し後の昭和十六年春頃のことであるが、宮下は海軍省が満鉄調査部に委嘱した軍機事項が外部に洩れているというので、海軍当局が問題にしていることを耳にした。

この軍機事項を知っているのは尾崎秀実、細川嘉六、橘樸《たちばなしらき》など満鉄の高級嘱託数人だけであることが判明して、宮下係長は尾崎がこの漏洩にかかわりがあると睨んだ。しかし海軍省がこの機密漏洩を隠蔽してしまったために、捜査できなかったと宮下は残念がっている（宮下弘『特高の回想』）。

“独ソ戦近し”のゾルゲ情報

ゾルゲ諜報団の有力メンバーである尾崎は、日本の情報をゾルゲに渡し、それがモスクワに伝えられるのが通常のパターンであった。だが、ゾルゲが東京の独逸大使館で得たベルリン情報を、尾崎が満鉄東京支社調査室に持ち込み、「世界情勢調査委員会」の報告会における検討議題が、急遽変更されるというめずらしいケースもあった。

昭和十五年（一九四〇）十一月、満鉄東京支社内に設立されたこの会議は、以後不定期に開催されたが、尾崎はその都度幹事長を務めていた。

独ソ戦が開始されたのは、昭和十六年六月二十二日。だがその直前の六月十三日から二十一日まで東京支社で開催されたこの会議中、テーマが独ソ戦の問題に変更されたのである。

「欧州大戦ト極東情勢」という、前出満鉄の極秘資料では次のようになっている。

同会議ニ於テハ諸報告ハ最初ノ調査計画ニ基キ、主トシテ日本ノ南進政策ヲ続ル諸情勢ノ分析ニ向ケラレタガ、討議中世界情勢急変シ独ソ開戦必至トナリタル為、欧州大戦ノ現段階並独ソ開戦ノ世界情勢及極東情勢ヘノ影響ノ検討ヲ以テ本報告ノ重点ト為スニ至ッタ。

ソ連にとって、思いもよらぬドイツ軍の軍事行動が開始されるより前に、すでに満鉄東京支社では尾崎の主導で、この案件が検討議題に取り上げられていたのである。

ロシア国防省の資料を引用したロバート・ワイマントの研究書（『ゾルゲ　引き裂かれたスパイ』）では、独ソ戦開始が近いことを、ゾルゲがドイツ大使館でオイゲン・オット大使から知らされたのは、五月初旬であった。

直ちにゾルゲはこの情報をモスクワに送信したが、それ以前から、ベルリンに潜入していたソ連の諜報部員から同種の情報が寄せられていた事実に、スターリンは「撹乱を狙った偽情報」として取り合わず、東京からのゾルゲ情報にも関心を示さなかったとされている。

とはいえ実際には、満州、中国本土のほかにも、欧米各国に潜入している諜報部員から寄せられる情報は、まずモスクワの政治局員によって吟味される。そこでの採否の判断後スターリンに上げるシステムであるから、すでに政治局が判断する段階で、却下されていたとみる研究者がロシア側に多い。

だが東京のドイツ大使館とは別ルートで、ゾルゲは独ソ戦にかかわる情報を得ていた。六月初旬、バンコクの駐在武官としてベルリンから赴任途中、東京に立ち寄ったドイツ陸軍のエルヴィン・ショル中佐の口から、ゾルゲはソ連への攻撃開始は六月二十日であることを告げられていたのである（ゾルゲの第四一回訊問調書。『現代史資料』1、二七四頁。実際の独ソ戦の開始は六月二十二日）。

独ソ戦が近いと知った尾崎が考えた第一点は、ソ連は如何にすれば欧州大戦の渦中に巻き込まれず中立を守れるか、第二点は、日本軍のシベリア侵攻を如何にして阻止するか、のはずであった。

第一点目について尾崎は「ドイツがコーカサスの石油と、ウクライナの食糧を要求してきたときは、ソ連は思い切った経済的な譲歩をしても、ドイツとの戦争を回避すべきである」と、ゾルゲに進言していたことが、尾崎の第二二回、検事訊問調書に書かれている。そしてソ連の中立が実現すれば、二点目の「日本軍の侵攻」の可能性も自動的に消滅することになるからである。

だが尾崎の進言に対し、ゾルゲは「ドイツが要求すればソ連は譲歩するだろうが、ドイツはそんなことをせずに、突如攻撃してくる」と答えている。ドイツ人であるゾルゲは、ヒトラーの対ソ観、対スターリン観を見抜いていたのである。
そして独ソ戦は現実のものとなった。そこで尾崎は開戦に至った事情とその後の展開の予想を、七月三日の新聞時評に、こう綴る。

ドイツが食糧問題に真剣な考慮を必要とした事は考えられることであり、石油についてもまた同様である。これらのものはソ連領より供給を仰がざるを得ない。このことはドイツが長期態勢へ入るに当って直面せざるを得なかった条件であるといい得る。通商交渉によって得るべき限度は既に実験ずみである。ドイツは実力によってこれを自ら得んと企図したのであろう（『尾崎秀実著作集』第五巻、一八八頁）。

尾崎は食料の宝庫ウクライナ、石油など天然資源が豊富なコーカサスのバクーを侵攻する背景となる必然性を解説した上で、「ソ連の重要工業地帯の破壊によってソ連の政治的統一を破壊し、これを屈服せしめて後方を自由にした上で、対米英決戦に本格的に乗り出さんとするにあろうと思われる」と、第二次世界大戦の拡大を予測していた。

非力な近衛のブレーンたち

近衛内閣の性格は歴史に証明された通りだが、国民的人気があったことが裏目に出たともいえる。その人気の実態は軍・一部官僚・右翼・一部財閥らの強硬派にとっても、宮中グループ・一部重臣・官僚・

政党勢力の穏健派にとっても、近衛は接近しやすい位置にいたことである。

だが近衛内閣がめざした国家理念・政治的意図がどうであれ、軍や強硬派に利用されたのは事実であり、外に向かっては戦争拡大、内にあっては思想弾圧強化、国家総動員法にみられる総力戦にはしる道をひらいた、「史上まれにみる悪質な内閣だった」ことが、日本近代史研究者の大方の見方になっている。

近衛ブレーンの顔ぶれをみると、風見章《かざみあきら》、佐々弘雄《さっさひろお》、白洲次郎《しらすじろう》、細川嘉六《ほそかわかろく》、笠信太郎《りゅうしんたろう》、蝋山政道《ろうやままさみち》、牛場友彦《うしばともひこ》、松本重治《まつもとしげはる》、西園寺公一《さいおんじきんかず》、犬養健《いぬかいたける》、そして尾崎秀実と、当時の逸材の中から広く採用されている。いずれも古い伝統を背負った、硬直した思想の人間たちとは違い、若くて進歩的であり、軍人色も見当たらない。

では尾崎も含めたこのグループは、近衛内閣を補佐する位置にありながら、何ゆえ戦争への道をひたはしる内閣の、ストッパーとなり得なかったのか。それには、尾崎が近衛内閣でどんな動きをみせたかを探る前に、近衛文麿という人物を見ていく必要がある。

近衛はもともと反共でソ連嫌い、同時に反英米的思想の持主であった。彼の京都大学卒業直後というから、第一次世界大戦終結（大正七年〈一九一八〉十一月十一日）の直前、近衛は「英米本位の平和主義を排す」という論文のなかに注目すべきことを書いている。

　日本はドイツと同様に、現状打破を求むべき筋合いなのに、わが国の論者が英米の宣伝に惑わされて平和すなわち人道と即断し、英米本位の平和主義に同調し、国際連盟を天恵のように渇仰するのは、笑止の限りである。

陸軍が近衛の政治舞台への登場を熱望したのは、天皇家に近い五摂家《ごせっけ》筆頭の家柄もさることながら、その思想に共鳴したとみて差し支えない。近衛が論文の中で言いたい「後発国日本の膨張主義を許さない、英米の都合の良い現状維持主義を打破することには正当性がある」は、確かに当時としては卓見である。

そんな若き日の個人的国家観と、首相の立場はまったく別であるが、近衛は第一次世界大戦の敗北からたちまち立ち上がってきた、ドイツの科学・技術、軍民一体の組織と人間力を高く評価していた。「優柔不断」「軍に利用された貴公子」が近衛文麿の政治姿勢に対する一般的評価であるが、本来的に陸軍軍人、なかでも親独派の人間たちと結びつきやすい思想の持主だったのである。

そして内外に未曽有の問題を抱えた昭和という、国難の時代に政治の舞台に登場してくると、枢軸国グループと米英主導の覇権主義国家のグループの間にあって、近衛は日本を中心にした第三極勢力の構築をめざした。

これが先の東亜新秩序建設だったが、その実現のためには欧米諸国、なかでも米英の排除が不可欠となる。中国の背後で援助をつづけ、事変解決の妨げになっているばかりか、南方資源国を押さえている米英勢力の排除である。

近衛内閣と三国同盟

そこに浮上してきたのが、先述の日独伊三国同盟締結という選択肢であった。三国同盟については、先の「支那抗戦力調査報告」の項ですでに触れてあるが、あの場合は満鉄調査部高級嘱託尾崎秀実としての、職務上の見解であった。

だが首相近衛と、内閣嘱託としての尾崎という視点で見るとどうなるのか。近衛がめざそうとしている国家戦略のなかで出てきた三国同盟締結だったが、第三極構築のために、近衛は「本心では三国同盟締結に反対」だったにもかかわらず、米英勢力排除のために、枢軸国側の陣営に入ることになる。近衛政治の無定見と矛盾を指摘される所以《ゆえん》である。

しかし米英の覇権主義勢力に屈するのは不本意であり、さりとてドイツに賭けるのも危険だが、結果的に軍や外務省の同盟推進派に同調して、ドイツを選択してしまった。それでもなお近衛は、親米路線の道を探ろうとしていたのであるから、周囲には余計に無定見にみえたのである。

だが三国同盟締結の裏事情の一つとして、支那派遣軍参謀たちが証言しているように、ドイツ軍の優秀な指揮官たちが軍事顧問団として蔣介石軍の背後に着き、ドイツ最新鋭の武器の図面を持ち込んで、製造の指導もしている事実が絡むという、複雑な事情も抱えていた。

これも三国同盟締結を急いだ日本の事情に加担したが、こんな形でも日華事変は日本の国政に大きな影を落としていた。

同盟締結に賛成だった尾崎

だが注目すべきは、尾崎秀実の本心は三国同盟締結に賛成だったことである。そもそも彼は、事変解決のためのブレーンとして、嘱望されて近衛首相の内閣嘱託に就いたはずだった。だが近衛内閣にとって不幸だったのは、尾崎とは「打倒蔣介石国民党」で一致していたものの、尾崎が中国共産党の親派であり、日本の軍事・政治情報まで提供していたことである。

しかも中国側は西安事件を契機に、昭和十二年（一九三七）から以後昭和二十年（一九四五）に至るまで、紆余屈折をたどりながらも国共合作路線を敷いていたから、先の「漢口攻略戦」を主張した尾崎のように、彼の言動が事情を知る者にとっては不可解にみえた。

以後も尾崎ら若手のブレーンを抱えた近衛内閣のやったことといえば、昭和十五年（一九四〇）、第二次世界大戦の拡大に対処して総力戦体制を作りだしたが、これは日本型のファシズム体制を確立させたことになる。

総力戦体制を前にした国民再組織問題でも、近衛一派が軍の暴走を抑える力になるためには、抑圧されていた議会主義政党勢力と結び、広範な有識者による知の集団を結集して、重臣や宮中グループを動かしてゆくべきだった。

同盟締結四ヵ月前の昭和十五年五月十一日と翌十二日の『小倉庫次《おぐらくらじ》侍従日記』にも、『昭和天皇独白録』にもあるように、天皇は「ドイツのような国と同盟を結ぶのは反対である」と明言していたのを、重臣や宮中グループは知っていたはずだからである。

だが軍も近衛一派の弱点を見抜いていた。斎藤隆夫、尾崎行雄らに代表される議会主義政党グループによる軍国主義への対抗勢力が、近衛一派と合流するのを恐れて、双方を切り離しただけでなく、逆に近衛らを利用している。

その結果は、盧溝橋事件が日華事変になると、近衛内閣は苦戦する現地日本軍への援軍と邦人の安全確保を名目に、次々と大陸への兵力増派を閣議決定してしまった。軍の筋書き通り戦争拡大にはしっただけでなく、総力戦体制を作り上げてしまったのである。後の対米英戦争前夜にあっても、海軍は非戦派が主流だったのに、彼らと協同歩調をとる努力も、まったくしていない。

海軍のなかでも三国同盟反対、非戦派のリーダー格山本五十六《やまもといそろく》（連合艦隊司令長官）が、泊地の瀬戸内海・柱島から上京して、荻窪郊外の私邸に近衛を訪問したときの模様が、同期の嶋田繁太郎《しまだしげたろう》（当時、呉鎮守府司令長官）に宛てた書簡に綴られている。

過日ある人の仲介にて近衛公が是非会ひ度との由なりしも、再三辞退せしが余りしつこき故、大臣（及川古志郎）の諒解を得て二時間ばかり面会せり（中略）。要するに近衛公や松岡外相等を信頼して海軍が足を土からはなす事は危険千万にて、誠に陛下に対し奉り申訳なき事なりとの感を深く致候。御参考迄。

とあるように、山本は近衛をまったく信頼していないばかりか、非戦派の海軍主脳とのコミュニケーションがまったくなかったことがわかる。

重大な尾崎の責任

近衛もブレーンたちも「革新的理論派」ということになっているが、どこがどう革新的なのかは、結果を見る限り、まったく不明である。

強いていえば、世界的大恐慌で資本主義に不信感を抱き、ドイツのような軍民一体の全体主義への接近を意味するとみられる。これが近衛内閣で締結した日独伊三国同盟、さらには統制経済の実施、国家総動員法の成立に繋がるから、国家を滅亡に導いたファシズムと、質においてきわめて近い。

この点では近衛のブレーンや、昭和研究会の人間たちに大きな責任がある。尾崎には良識派の海軍軍人との接点がまったくなかったことも、対米戦争回避の視点でみれば弱点であるが、日華事変に関していえば、中国問題専門家尾崎の責任はきわめて大きい。満鉄大連本社調査部にあった中西功も、「若い満鉄調査員のうちには、尾崎が近衛のブレーンの一人として侵略戦争を止められなかったばかりか、日本の侵略政策に関与していることから、彼の中国問題の評論は、一見マルクス主義的外皮で包まれてはいるが、大陸侵略主義の主張にそったものと批判的に受けとめた者も少くなかった」（中西功『中国革命の嵐の中で』）と指摘している。

結局、尾崎は責任が問われない情勢観測者の立場からすれば〝評論家〟であり、これだけは譲れない、という強い主張もみられない。尾崎一人の問題というより、近衛の側近全員にいえることだが、日本型の〝リベラル派〟、〝穏健派〟といわれる見識ある人間たちに共通している、灰汁《あく》のない物わかりの良さが、強力な組織を背景にもつ相手には非力で、飲み込まれる結果を招いている。

そして中国大陸で苦戦している間に、米英という大敵が出現する。近衛内閣の下で開戦前夜の日本が、政府も軍部も北進か南進かの二者択一を前にして、オポチュニズムに陥るのではなく、米英流の覇道と協調路線を行くのか、対抗路線を行くのかの根本的命題を前にして、真剣さが足りなかった。近衛内閣がめざす政治の方向性が定まっていないばかりか、三十年、五十年先を見据えた政治ビジョンも世界観もまるでなかった。世界共産主義革命の勝利を前提にした尾崎の世界観も、夢想の域を出ていないのである。

以下、対米英開戦が迫ってきた時期の近衛内閣の一郭にあって、尾崎は何を考え、どう行動し、そして結果はどうなったかをみていくことにする。

10 開戦前夜——漏洩した御前会議の情報

北進か南進か

昭和十六年（一九四一）七月二日の御前会議で、「対ソ戦を準備、南方進出のためには、対米英戦も辞さず」を骨子とする〝情勢の推移に伴う帝国国策要綱〟が決定された。当時、大本営陸軍部作戦参謀の瀬《せ》島《じま》龍三《りゅうぞう》は、こう回想する。

> 顧みればこの昭和十六年七月という時期は、我が国の重大な岐路であった。七月二日の国策要綱決定により、対北方態勢強化に向けて兵力の動員・集中・輸送（関特演）が行われ、同時に南部仏印進駐の作戦準備が進められた。
>
> 陸軍部首脳は当初、北進論が強かったが、その後の情勢が好転せず、逐次、南進論に傾いた。

とあるように、流れはすでに「南進」であったことを認めている（瀬島龍三『幾山河』九九頁）。

「対ソ戦の決意は、独ソ戦の展開上きわめて望ましい好機が到来したときに限る」が条件であり、関特演（関東軍特種演習）も南進をカムフラージュするためだったことが、後に判明している。

だが尾崎は、七月二日の御前会議の決定事項を直ちに知ることになった。近衛の側近仲間で、互いに昭和十一年（一九三六）七月、カリフォルニアのヨセミテ公園で開催された第六回太平洋問題調査会*のメンバーであった外務省嘱託の西園寺公一（元老西園寺公望の孫）を通じて、情報を得ていたからである。

＊太平洋問題調査会は民間の国際問題調査研究団体（略称ＩＰＲ）で、中国をめぐる日米間の対立の調整が大きな課題であった。ヨセミテで開催された第六回会議に出席した若手メンバーには、西園寺公一、尾崎秀実、近衛文隆（近衛文麿の長男。戦後抑留先のソ連で死亡）がおり、松方正義の孫で英語が堪能なナカ、ハル姉妹が現地で会議のアシスタントを務めた。ハルは後にライシャワー駐日大使夫人になる。

西園寺は昭和十七年（一九四二）三月三十日、東京地裁検事局の第三回訊問で、御前会議が南進論で決定したことを尾崎に告げていたと答えている。

この御前会議のあった直後、海軍省に藤井茂中佐を訪ね応接室で面会した際、藤井中佐より、「自分の考え通り巧く行ったよ」と御前会議の決定が藤井中佐の予《か》ねて考へて居た通り決定したことを知らして呉れたので知ることが出来ました。藤井中佐は現在は連合艦隊の参謀をして居りますが、当時は軍務局第二課に勤務し、私とは訪欧当時*行を共にした関係で知り合い親しく交際した結果、互に共鳴する処があり、公私共に援け合うことを約した兄弟の如き間柄です。

＊昭和十六年（一九四一）三〜四月、松岡洋右を団長とする使節が独伊を歴訪した際、随員の西園寺公一と藤井茂海軍中佐が親しくなった。

席上で藤井中佐は、「第一に問題なのは、現在の日本はこの儘ではじり貧になる外はないから、英米蘭支の包囲網に対抗して行くべき体制を備えねばならぬ。最後の土壇場に追い込まれて立ち上がった後ではすでに遅い。一方北のソ連とは何時かは戦わねばならぬが、今はその時期ではなく、寧ろ独ソが戦ってソ連が弱って来るとき迄待つ熟柿主義でやるべきであり、北方シベリアに対しては当面攻撃すべきでない」と主張した。

では藤井情報はいつ尾崎に渡ったのか。尾崎は御前会議の二週間前から南進を予測していたが、藤井の話を西園寺から聞いたのは、七月三日か四日のいずれかであった。そのとき尾崎は、いきなり本論に入ることはせず、「どうやら独ソ戦不介入っていう雲行きだね」と探りを入れると、西園寺はためらうことなく、「その通りだよ」と打ちあけた。

後年、西園寺は「私と尾崎はそうした間柄であり、何一つ秘密にしなかった」と語っている（NHK取材班・下斗米伸夫『国際スパイ　ゾルゲの真実』、『現代史資料』3、四九六頁）。

それから数日後の七月六日、いつもの習慣で日曜日に尾崎の娘楊子に絵を教えに目黒区祐天寺の尾崎家を訪ねた宮城与徳は、尾崎から御前会議の決定事項を聞かされ、それを英文にまとめてゾルゲに渡したのは「七月十日ごろ」であったと述べている（『現代史資料』1、二八八頁。ロバート・ワイマント『ゾルゲ　引裂かれたスパイ』二八八頁）。

一方ゾルゲも検事局の第四三回訊問調書の中で、「この御前会議の内容に関する尾崎の報告は、日本の南方進出に主たる重点を置き、対ソ戦参加については、待機観望的なものとしており、モスクワに無線で直ちに報告しました（『現代史資料』1、二八八頁）とある。

深夜、東京から微弱の電波で送信されたゾルゲ情報は、ウラジオストク、イルクーツクの無線局を経由していたので、モスクワに届くまで数日かかったが、この情報は同日、モスクワに届いていたことが判明している。

前出ワイマントの著書に引用されたロシア国防省資料には、次のように書かれている。

インヴェスト（当時の尾崎のコード・ネーム）によれば、天皇を前にして開かれた会議（御前会議）において、サイゴン攻撃のための軍事行動計画に変更ないことが決定された。しかし同時に、赤軍が敗北した場合には、対ソ侵攻行動を起こす態勢整備することも決定されたとのことである。

こうして御前会議における南進決定の情報は、藤井→西園寺→尾崎→宮城→ゾルゲをへて、モスクワに伝えられていた。

先に「ドイツのソ連侵攻近し」を伝えるゾルゲの東京発緊急電は、モスクワの政治局が懐疑的であった上に、猜疑心の強いスターリンは信用せず、それが裏目に出てドイツ軍の奇襲を許してしまった。だがこの度ゾルゲが伝えてきた尾崎情報による日本の「南進」策を、モスクワがすぐに採用したのはなに故か。「日本は南進」の尾崎・ゾルゲ情報に接しても、ソ満国境に展開する四個師団もの赤軍機甲化部隊をシベリア鉄道でヨーロッパ戦線に移動させることは、ソ連邦の存亡にかかわる重大事であるから、ひとつの情報だけでは動かせない。

結局、それ以前から送っていた満鉄情報のように、情報源を異にし、別の入手経路をへて尾崎から伝えられた内容と一致したためとみられる。

対米英戦直前の「新情勢調査」

七月二日の御前会議の決定を受けて、満鉄東京支社調査室が立ち上げた「新情勢調査」の作業に参加した尾崎は、積極的な役割を果たした。東京の調査室が担当したテーマは、「日本の政治と経済に関する動向」で、政治・外交は尾崎、経済に関する調査はそれぞれ専門の調査員が担当した（宮西義雄『満鉄調査部と尾崎秀実』）。

だが新情勢調査は、御前会議で決定された帝国国策要綱に対応する予測調査であるから、地域的にも内容的にも多分野を横断した調査の実施が不可欠になり、満鉄調査部の巨大な組織を動員して大連本社、上海事務所、新京支社などの調査室も協力することになった。

これにより本社や各支社調査室の会議や作業部会を通じて、尾崎は重要な情報を得る立場になったのである。

まず調査の前提条件を設定する作業は、東京支社調査室の担当となったが、尾崎を中心に、中楯寿郎《なかたてとしろう》、海江田久孝、宮西義雄の四人で協議し、最終的に取りまとめたのは尾崎であった。

東京支社調査室の「新情勢の日本政治経済に及ぼす影響調査」の「前提」は二つに分れ、（一）は予測される客観状勢、（二）は兵員と物資の動員状況を想定した内容になっている。

前提（一）の（イ）は、昭和十六年（一九四一）七月二日の御前会議における「情勢の推移に伴ふ帝国国策要綱」にある、「自存自衛の基礎を確立するため南方進出の歩を進め、又情勢の推移に応じ北方問題を解決す」に即応するもの。後者の対ソ戦に備えての兵力増強は、あくまでも「国策要綱」にあるように、「独ソ戦争の推移、帝国の為めきわめて有利に進展せば武力を行使す」のためであった。軍事力を発動する準備段階を「八月末まで」と設定したのは、海軍の石油備蓄量、陸軍が北方のシベリアを衝く場合、冬期を避けるギリギリの線を意味している。ちなみに参謀本部の作戦計画発動日は八月二十五日になっていたことが、戦後に判明している。

前提（二）の満ソ国境の動員兵力については、第一次一〇〇万人、第二次一五〇万人としたのは、北方侵攻に重点を指向した場合の想定とはいえ、この動員数は過大すぎるようにみえる。尾崎自身は東京地裁判事の訊問に次のように答えている。

私は今から考えると少し考え過ぎであったと思いますが、如何しても日本のこの動員の主力は北にあるものであると考え、対ソ戦は最も多くの可能性を持って居るものであると、殆ど思い込んで居りました。寧ろ南北統一作戦等というものの七、八月の頃に対ソ戦を行うものであろうと想像して居たのであります（『現代史資料』2、ゾルゲ事件(二)、三六四頁）。

この内容からみえてくるのは、「関東軍のソ連侵攻」を尾崎が極度に恐れていた事実である。そもそも満鉄調査部は国策決定のための基礎資料の提供が求められ、「新情勢調査」は対米英戦勃発前夜の軍事行動の指針となる資料作りであった。したがって、事件発覚後の、この尾崎の供述は問題のあるところである。

すでに七月二日の御前会議で南進が決定されたことをその直後から知っていたにもかかわらず、自分は北進を想定していたと言っているに等しく、捜査のポイントをずらす意図がうかがえる。

第二三回検事訊問調書で、尾崎はこう述べている。

たまたま昨年八月半ば頃満鉄東京支社内で、「新情勢の日本政治経済に及ぼす影響調査」会議の下準備をした席上、宮西義雄の報告後、私が経済的な情報のみから見て日本の国際動向を判定するのは誤りで、一般社会に対する陸海軍の経済力、比重をこの際考慮しなければならぬ。例えば鉄や石油の保有量、生産量が減少している事実のみで、日本の国際動向を判定すべきではなく、軍部のこれ等物資保有量を考慮に入れた上判断しなければ正鵠《せいこく》は期せられぬ（『現代史資料』2、二四六頁）。

つまり尾崎の見解は、陸海軍の軍事力が日本の動向を決定する以上、これに応じた満鉄調査部の使命は、陸海軍による現在の主要戦略物資の保有量を知ることが最も重要である、という主張であった。これは「ゾルゲ諜報団の尾崎秀実」にとっても、喉から手が出るほど欲しい情報である。

調査員が軍からこの種の資料を入手するのは困難だったが、満鉄東京支社から参謀本部や商工省へ出向している調査員に目をつけた尾崎は、速やかに資料の収集を提案したのである。

これは従来から政策論者の立場にあった尾崎が、軍事機密という聖域の核心部分に立ち入ることになった。その報告の行く先は、モスクワである。

ゾルゲに報告した石油備蓄量

日米外交交渉が暗礁に乗り上げていた昭和十六年（一九四一）七月から八月にかけて、満鉄調査部の活動も山場に差しかかっていた。対米英戦が火蓋を切れば、必然的に海軍が主役となるが、カギを握っているのは石油備蓄量である。

そこで尾崎は、東京支社調査室の宮西義雄からこれを聞き出したが、その経緯について、宮西は東京地裁の証人訊問で次のように証言している。

問　其の七月中頃の報告会の席上、証人は尾崎から我国の石油貯蔵量に付いて質問されたことがあるか。

答　尾崎から石油の保有量に付いては日本全体に何程あるかということが重大だが、それはどの程度であろうかとの質問がありました。それに対し大体米国のハル国務長官が云って居る通り、一年半位のものではないかと云いました処、尾崎はそれは少し多くはないか、それがどの程度であるか詳しい数字が判らないだろうか、判ればそれを是非教えて貰いたいと申しました。

その時東京支社調査室の中楯寿郎も、商工省方面許りでなく、軍の方からも判れば調べて知らせて貰いたいと云い、私も経済の方を取りまとめて報告することになって居たので、私からも軍の方に嘱託に参っている安藤俊行、神崎誠に対しそのことを依頼しました。

すると二日位の後、神崎からこの間の日本の石油の保有量は、総額一二〇〇万屯で、其の内陸軍二〇〇万屯、海軍七、八〇〇万屯、他は民間と云うことでありました。それ故私はその翌日、東京支社の嘱託室に居た尾崎に対し大体こんなものだそうだと、今申した数字を話した処、尾崎はそれをメモに取って居りました。

そしてこの数字は少なすぎないか、何処から得たのだと云ったので、私は参謀本部の嘱託の神崎君の数字であり、脇村義太郎先生（東京大学経済学部教授）の推定したものだそうだから、間違いないでしょうと申して置きました（『現代史資料』2、三九四頁）。

東京支社調査室嘱託の伊藤律も、証人訊問で同じ質問を受け、こう答えている。

尾崎が拝村（正夫）の報告に対して、その報告は商工省方面のものばかりで如何にも安心ができない。軍部には支那事変後でも相当なストックが有るように他から報告を得て居るので、其の方面をよく調査しなければ正確な見透は立たないと申して居りました（『現代史資料』2、三九六頁）。

その後、尾崎から宮城の手をへてゾルゲに渡された数値では、陸軍の石油備蓄量は二〇〇万屯、民間二〇〇万屯、海軍は秘密に備蓄している分を含めて一二〇〇万屯という数値である。

海軍の備蓄量が突出しているが、この備蓄量では一体どれだけの期間もつのかが問題になる。平時における日本の年間石油消費量は四〇〇万屯だったが、海軍の演習が熾烈化した昭和十五年（一九四〇）になると、国内の総消費量は五〇〇万屯に達し、開戦となれば海軍の石油消費量は喪失分も含めてはるかに増大する。ちなみに真珠湾攻撃では八〇万屯、ミッドウエー海戦六〇万屯、珊瑚海海戦で三〇万屯を消費している（太田尚樹『赤い諜報員』）。

海軍に限っていえば、開戦となれば半年、最大で一年しかもたないという見通しは、この数値が根拠のひとつになった。

だが日本の石油備蓄量については、その八五％をアメリカに依存していたから、アメリカ側も大まかな数値は知っていた。宮城与徳は昭和十六年の何月号であったかは記憶にないとした上で、「アメリカの雑誌『ライフ』に、海軍八〇〇万屯、陸軍二〇〇万屯、民間六〇〇万屯と載っていた」と、東京地裁の第一四回訊問調書で述べている（『現代史資料』3、三六四頁）。

内訳に違いはあるものの、ゾルゲが知らされた満鉄情報の総備蓄量一六〇〇万屯と、アメリカが把握していた数値はぴったり符合している。

南部仏印進駐に即応して、アメリカはこの年昭和十六年八月一日、対日石油全面停止に踏み切ったが、石油禁輸のような刺激的な政策は、日本を戦争に駆り立てるとグルー駐日大使が反対意見を述べた。だがスタンレー・ホーンベック極東部長は大統領にこう進言する。

資源のない日本が戦争することなどあり得ない。日本はいずれ屈服する。日本は締めつけるにかぎる（ジョセフ・グルー「個人覚書」）。

尾崎の政治工作

尾崎はゾルゲへの情報提供だけでなく、近衛首相に政治工作もしていたことが判明している。昭和十六年（一九四一）六月二十二日に独ソ戦がはじまると、日ソ戦の可能性が現実味を帯び、同時に日米関係も新たな緊張の段階に入った。日本はこの機にシベリアを衝くか、南進して東南アジアの石油やゴムなどの資源を獲りに行くか、二者択一を迫られる中で、尾崎はどんな行動をとったのか。

第二〇回検事訊問における尾崎の供述によると、近衛側近グループが日華事変の速やかな解決と日米交渉の妥結に掛かりっきりで、対ソ問題に対しては確固たる方針もなく、戦略も流動的にみえた。対中、対米関係のように、直接の対立状態になかったせいでもある。

そこで対ソ工作の余地がまだあるとみた尾崎は、近衛グループに自説を吹き込んだ。

この人々（近衛の側近たち）は独ソ戦の見通しとして、ソ連につづいて起るスターリン政権の覆滅を予想して居りました。私は朝飯会の席上では甚だ消極的態度でありましたが、牛場、松本（重治）、岸（道三）、等のソ連崩壊説に反対して、ソ連は軍事的にはドイツには敵わないであろうが、直に内部崩壊を来すとみるのは早計である、との意見を述べて居ります。

ソ連邦の防衛に不安を抱いていたことを検事に感知されないように、尾崎は「甚だ消極的」に、トーンを下げて自説を開陳したことになっている。

しかるに独ソ戦の経過は私の予想通りスモレンスク地区に於いて膠着状態に陥り、ソ連軍が軍事的にもドイツの進撃を阻む状況となって来ました。そこで私は朝飯会の席上等で自分の見解の正しさを、もっと積極的に主張する様になりました。

とあるように、ドイツの快進撃に翳《かげ》りがみえ、ソ連が優勢に転じる気配を見せてくると、朝飯会での尾崎の発言も強気に転じている。

朝飯会における尾崎の「ソ連は参らない」の主張は、牛場友彦と松本重治が東京地裁の証人訊問で証言した内容と一致しているが、「政治工作」はこれだけでは不十分とみた尾崎は、近衛首相の最も近くにいる牛場秘書官と個別に会っていた。

八月末、内閣秘書官邸に牛場を訪ねた尾崎は、日本が現在必要とする石油、ゴムはシベリアにはなく、日本にとっては南方進出こそ意味がある。日本としてはソ連が内部崩壊すれば、極東ソ連は労せずして支配下に収め得るので、ことさら武力進攻する必要はない等の諸点を挙げて、ソ連攻撃の無意味なことを強調した。これが尾崎の「シベリア傾斜論」の中味であるが、間接的に政治工作したことを認めている。

私がこの様な意見を述べたについては、牛場秘書官等近衛側近者を通じて私の意見が近衛公に達し、日本の対ソ政策に幾分でも影響を与えることを秘かに期待していた訳でありますが、しかし、現実に日本の戦争政策を決定するのは政府ではなく、寧《むし》ろ軍部でありますから、私の期待には限度があった訳であります。

以上申述べた私の政治的工作に付いては、ゾルゲに説明して置きましたから、ゾルゲも知って居る筈です。私はソ連防衛の見地から近衛側近者等に対し、多少政治的工作の余地があるのを認めて、其の気持もあって先の如き意見を述べたのであります（同訊問調書）。

アメリカにも流れた尾崎・ゾルゲ情報

ゾルゲ・グループが収集した情報が、アメリカにも流されていたことを示す記事が、ニューヨーク・ヘラルド・トリビューン紙に掲載されたことがある。ゾルゲの獄中手記にもあるように、ゾルゲが東京のオット駐日ドイツ大使から得た情報であるが、六月二十二日の独ソ戦に関しては、開始より三週間も早かった。

東京　五月三十一日発　ジョセフ・ニューマン
　東京の信頼すべき消息筋によると、ここ数週間にわたってドイツのヒトラー総統は、「対ソ攻撃」に撃って出るか否か、躊躇《ちゅうちょ》し続けており、独ソ両国間の緊張感が極限に近づきつつある（ニューマン『グッバイ・ジャパン』）。

この記事を書いたジョセフ・ニューマンは、当時ニューヨーク・ヘラルド・トリビューンの東京特派員で、ゾルゲの部下ブランコ・ド・ヴケリッチからこの情報がニューマンに渡っていた。

ヴケリッチはフランス・アヴァス通信社（後のAFP通信）の記者で、同社の東京支局も、ニューマンのニューヨーク・ヘラルド・トリビューン東京支局も、銀座七丁目に今もある旧電通ビルのなかにあった関係で、ふたりは親しくなったようである。

実際、ヴケリッチ→ニューマンのルートがあった事実は、ニューマンの著書『グッバイ・ジャパン』（篠原成子訳）にも、元朝日新聞記者伊藤三郎の著書『開戦前夜の「グッバイ・ジャパン」』にも書かれ、平成六年（一九九四）に朝日新聞の招きで再来日した折、ニューマンは『日米開戦の秘話を語る』と題した講演会でも証言している。

だがヴケリッチがニューマンに伝えた内容は、ゾルゲの手記にも記されているから、ゾルゲも承知の上での行為だったことになる。ニューマンは、「ゾルゲの秘密には、意図的な漏洩の〝抜け道（リーク）〟があり、その抜け道がほかならぬ私なのだった」と書いている。

ゾルゲたちは、ヒトラーと敵対するアメリカにも知らしめる必要を感じていたせいだろうが、アヴァス通信社と東京のフランス大使館経由で、アメリカと連合国側にドイツ情報が届くと計算しているのである。

ヴケリッチ→ニューマン→米国メディアの流れでとくに大きな情報は、ニューマンも認めているように、「独ソ戦開始近し」と、「七月二日の御前会議で決定された南部仏印進駐を含む南進政策」の二つであった。

後者、七月二日の御前会議における決定事項の内容は、尾崎からゾルゲ・グループにもたらされた情報で、これは先に触れた海軍の藤井中佐の話を、西園寺公一が仲介して尾崎に伝えられたものである。だが実際には、ニューマンは六月三十日に記事を書いて送っていた。これが現地の七月一日付でニューヨーク・ヘラルド・トリビューン紙が、「日本は南進の準備」という見出しで、東南アジア、南洋諸島へ軍を進める気配が濃厚であることを、スクープとして事前報道で伝えていた。

結局、海軍を情報源とする尾崎情報は後付けの形となったが、それよりも時間的に前もって尾崎がゾルゲに伝え、それをヴケリッチがニューマンに伝えていたことが、『グッバイ・ジャパン』から読み取れる。

つまり尾崎は、海軍の藤井中佐の情報とは別途、近衛内閣の側近から、御前会議開催以前に内容を聞き出していた可能性が大である。

だがこれとも違うルートで、東京のアメリカ大使館から国務省に御前会議の内容が直ちに伝わっていたことを示す電文が、ワシントンの国立公文書館で確認されているから、今になってみれば、ニューマン記者の歴史的スクープというわけではなかった。とはいえ日本の国家機密が、外交ルートとは別途、ゾルゲ・グループからアメリカに情報が伝わっていたという意味では、きわめて重要な事実である。

こうなると、ほかの国家機密も尾崎→ゾルゲ→ヴケリッチ→ニューマンのルートでアメリカに流れていた可能性は否定できない。

それればかりでなく、ゾルゲ→ヴケリッチ→ニューマンのルートは、その逆の流れもあったことが判明している。極秘情報の授受は、双方に利点がなければ成立しないからである。

内務省警保局保安課の資料をまとめた「諜報部員の地位と其の活動」（『現代史資料』1、ゾルゲ事件㈠）には、ブランコ・ド・ヴケリッチの供述が、次のように記述されている。

（一）　昭和十六年五月下旬米国通信記者ニューマンが、米国大使館筋より得たる松岡外相の訪欧中に、海軍関係の日本人政府高官が日米国交調整を開始せんとし、グルー米大使に提示を行ったが、其の内容は「アメリカが東亜共栄圏内の日本の指導的地位を承認し支那事変の調停を行われたいとの要請である」の情報。

ここでいうアメリカ大使館員とは、本人も自著『グッバイ・ジャパン』のなかで認めているように、ニューマンと親密な仲にあったグルー大使の側近で、東京生まれで関西育ち、ユージン・ドゥーマンのことである。

先の御前会議の内容が直ちにワシントンの国務省に報告されていた事実も、尾崎→ゾルゲ→ヴケリッチ→ニューマンのルートの可能性が大きいが、グルー大使は宮中グループの樺山愛輔《かばやまあいすけ》から密かに情報を得ていた実績があるので、この線の可能性も考えられる。

さらに先の内務省警保局保安課が掌握していたヴケリッチの供述のつづきには、以下の文言が綴られている。

(二) 同年十月九日米国人通信記者ニューマンより、グルー米大使が其の前夜アメリカン倶楽部に於いて、在京米人のみに対し極秘に演説せる日米国交調整内容中、「当該交渉は円滑に進行し居らず」との情報。

これを見るとニューマンは、自身が直接得た情報をヴケリッチに渡している場合もあったことが分かる。つまりモスクワは、日米交渉に関する東京とワシントンの情報を、ゾルゲ課報団を介して入手していたのである。

最後の満州行きと日本の南進

尾崎は昭和十六年(一九四一)九月四日、東京駅を発ち、社用で満州に出張した。九月九日に大連の満鉄本社調査部で開催される「新情勢調査」報告会への出席が表向きの理由であった。それまでの「世界情勢調査委員会」は広く世界情勢を対象にした調査委員会だったが、独ソ戦の勃発により、暗礁に乗り上げた日米交渉、迫る日本のソ連侵攻に的を絞った満鉄調査部の特別委員会であった。

だがこの満州行きは、「ソビエト連邦防衛」という尾崎が自身に課している命題にとって貴重な機会となり、事実、以後のソ連の戦略に大きく貢献することになる。

独ソ開戦にしたがって、関東軍はシベリアに侵攻するか否かは、モスクワにとってはもとより最大級の危機を伴う関心事である。もし日本軍の侵攻があるとすれば、それはいつなのか。尾崎がこだわったのもそのことであった。第二六回検事訊問調書（『現代史資料』2）のなかで、こう述べている。

一つの情報で私たちにとって、それだけに絶対的価値のあるという情報は、只一つであります。それは「日本がソ連を攻撃する時」であります。私はゾルゲにも宮城にも、かねがね揚言していました。この的確な時期を必ず事前につかまえてみせると。

だが熟柿作戦を採ることで、すでに陸軍中央と関東軍の意見は一致していた。しかも九月といえば、まもなくシベリアの原野は雪と氷の下で眠りにつき、作戦不能になる。

それでもスターリン同様ゾルゲは、「日本のソ連侵攻は年度内には行われない」の可能性に一抹の不安をもっていた。そこで尾崎は関東軍の動きや兵員輸送、物流調達に携わっている満鉄大連本社の調査部員たちを通じて、満州の軍事状況を調べることにしていた。さらに関特演（関東軍特種演習）を見ることも隠された目的であった。

ゾルゲが抱いた一抹の不安とは、「北進か南進かとなれば、近衛はソ連嫌いであるから、北進を支持するに違いない」も原因であったことを、尾崎は先の訊問調書で指摘している。

ではゾルゲは尾崎の満州行きに先立ち、何を指示したかについて、第四三回検事訊問調書で、こう述べている。

私は尾崎の出発に際し、同人に第一には満州における日本軍の軍備は如何なる程度まで進歩しているか、第二に、日本軍の如何なる師団が満州に到着しているかを諜報する使命を与え、なおかつその上もし満州で対ソ戦勃発の危機が迫っているようであったなら、尾崎から至急宮城に電報で報せ、宮城から私に報せる段取りを打ち合わせておいたのであります。

そして東京に戻った尾崎から、ゾルゲは次のような報告を受けていた。

消極的な情報としては、第一に列車の運輸数が段々と減少してきた。第二に、派遣された日本軍に対する補給が困難となっている。第三に、前線（満ソ国境）にあった日本軍を満州南部および中央部に集結して越冬準備をさせている。以上の諸点から年内に対ソ戦は行わない、ということが判明したということであります。

しかし積極的な理由としては、第一に鉄道の戦略線が計画されている。しかもその方向が直接北方に向かっているという点で、私の注意を引きました。第二に、新鋭の戦車と重砲とが到着しているが、その数は確かめられなかったということであります。尾崎が満鉄の人々と話したところでは、彼らは戦争があるか否かは分からぬが、大体の印象としては、すでにその危機は去っているということであります。

この尾崎の満州行きについて、アメリカの政治学者チャルマーズ・ジョンソンも、著書『尾崎・ゾルゲ事件―その政治学的研究』（萩原実訳）の中で、尾崎の貢献を指摘している。

彼は南満州鉄道で奉天と新京を目指して北に向かい、これらの都市にある満鉄の事務所で、会えるだけの友人や同僚を訪ねた。彼は実際の観察、鉄道への輸送命令、一般的な経済の指標、日本軍の兵站《へいたん》などの情報から、日本の北進が迫っていないと判断したのであった。この情報こそ、ゾルゲがソビエト連邦防衛のために大きく貢献した最後のものである。

だが尾崎には、関特演を身近に見る機会はなかった。この最後の満州行きは尾崎が検挙される一ヵ月前のことであるから、尾行に張りつかれて身動きが取れなかった可能性が高い。

結局、尾崎がゾルゲ諜報団にあって何をしたのか、その結果どうなったかでいえば、この「日本軍の年内のシベリア侵攻はない」の情報は、即「南進」を意味する。そこでソ連は満ソ国境に展開していた赤軍の機甲化部隊を急ぎシベリア鉄道で西方のヨーロッパ戦線に投入し、勝利した事実は歴史が証明している。したがってソ連邦、コミンテルンにとって最大級の功績は、尾崎情報だったことになる。

だがこれにはいくつかの注釈がつく。その第一点は前にも触れたように「ソ連の危機は去った。日本は南方に向かう」という情報の真偽は、ソ連邦の命運にかかわる重大問題であるから、モスクワは尾崎の最後の満州情報をストレートに受け入れて動いたのではない、ということである。

ゾルゲの手記には「九月になって初めて、私の報告を全面的に信用した」と書いてあるが、モスクワは通信傍受によってゾルゲ情報の裏を取っていたと指摘するのは、前出『ゾルゲ　引き裂かれたスパイ』の著者ロバート・ワイマントである。ワイマントは、ソ満国境に駐屯する赤軍諜報部通信班が日本軍の通信を傍受した結果、ゾルゲ情報の正しいことを確信したと書いている。

実際、ソ連にかぎらず、無線傍受をしていた国は多く、ソ連は日本だけでなく、広く諸外国に諜報部員を送り込んで情報集めに血眼になっていた。したがって、尾崎から渡ったゾルゲ情報は、そのひとつとして補足的に活用された可能性がある。

第二点は、通信士マックス・クラウゼンの供述に、疑問符が付くことである。宮城与徳が英訳した尾崎の最終満州情報は、通常通りいくつかに分けてモスクワに向けて送信したことは認めているが、検事の訊問には、九月二十七日と二十八日は、通信不能のため送信せず、十月十三日になって、まとめて最後の送信を完了したと述べている。

もし、尾崎による最後の満州情報の核心部分が、十月十三日の送信に回されていたとすると、ゾルゲが言う「モスクワは九月になって初めて私を信用した」という供述と時間的に符合しない。

したがって、モスクワは複数の情報を綜合的に判断して「年内の日本の侵攻はない」と断定したはずで、なかでもカギを握っていたのは、日本の石油備蓄量に関する情報だったとみられる。

「危機が去ったか否か」はモスクワが判断する案件であり、その姿勢を常時崩していないところからして、モスクワは日本の石油備蓄量を知って、「日本は必ず蘭印の石油を獲りに行く」の結論に至ったに違いない。数値のもつ科学性は、大事を決定する際の決め手になるからである。

二十世紀は戦争の世紀であり、それを動かしたのは石油であったことを考えれば、この尾崎情報のもつ意味はきわめて大きかった。

ちなみに石油備蓄量の情報を尾崎が入手したのは七月十日あたりだったことが宮西義雄の証言で明らかであり、送信したマックス・クラウゼンの供述とも符合している。

だがソ満国境の機甲化部隊の西側への移動は、一挙にできるものではない。ヨーロッパ戦線と日本の動きを見ながら逐次移動させたはずだが、九月の何日頃から開始しいつ完了したのか、詳細は不明である。

先のワイマントが指摘する日本軍の通信傍受の一件も含め、今後さらなるロシア側資料の公開が不可欠である。ゾルゲがモスクワに送った約四〇〇通の電文のうち、現在まで公開の対象になったのはその半分の二〇〇通に過ぎない。

一方、平成二十五年（二〇一三）九月に上海で「ゾルゲ事件国際シンポジウム」が開催された折には、中国側の研究者も多数参加しているので、今後、資料の公開も期待できる。だが現段階では、尾崎の〝功績〟の評価には、疑問や不明な点がまだ解明されていない、とみるしかない。

11 諜報団の崩壊と尾崎の逮捕

尾行がついた尾崎たち

昭和七年（一九三二）三月初旬に上海から帰国した尾崎が官憲にマークされたのは、朝日新聞大阪本社に戻った直後からであった。上海で起きたヌーラン事件で、上海の日本領事館警察からスメドレーとの関係が追及されたためだったが、それでも帰国後は「要注意人物」のリストに載っていた程度とみられる。

実際、前出の特高一課第二係長・宮下弘は、「尾崎がゾルゲ事件の主役になって登場してくるなどはぜんぜん分からなかった。そんなに尾崎がクローズアップされていたわけはないです」と語っている。地下運動で治安維持法の網にかかる雑魚と違い、帰国後の尾崎は著名なジャーナリスト、評論家、満鉄調査部の高級嘱託、近衛内閣の傍にいた人間である。

しかも官憲はゾルゲ国際諜報団の存在を摑んでおらず、末端の細胞を洗っているうちに、未曽有の大事件だったことに、当局が驚愕したのがゾルゲ事件であった。事件を担当した特高宮下の言葉で言えば、瓢簞から駒だったのである。

その間、昭和十四年正月から警視庁特高課が尾崎に疑惑の目を向け、昭和十五年暮れからの内偵開始をへて、逮捕が昭和十六年十月十四日であるから、二年十ヵ月近くも逮捕されなかったのは、むしろ不思議である。しかもゾルゲが日本に潜入したのは、昭和八年九月であるから、まる八年もの間、事件は発覚しなかったのである。

＊従来は十月十五日とされていたが、『現代史資料』1の四頁の序説には、「十月十四日以降、尾崎秀実、リヒャルト・ゾルゲ等の検挙に及び…」となっている。

では尾崎は尾行されている事実を、自身でどう受け止めていたのか。上海時代以来、尾崎と関係が深かった川合貞吉《かわいていきち》は、諜報団が逮捕される五ヵ月前の昭和十六年（一九四一）五月中旬のある日、虎ノ門の満鉄ビルに尾崎を訪ねた。このときの二人のやり取りを、川合は『ある革命家の回想』のなかに書いている。

これによると、川合がいつもアパートを見張られ、目付きのきつい男と同じ電車に乗り合わせることがあり、視線を向けると相手は目を逸らすと告げると、尾崎も同じであると、意外に平気な顔をしていた。そのとき尾崎は、いずれは挙げられるだろうが、日本が大きな山場を迎えるまでは大丈夫だと、余裕のある表情だった。

しかし別れ際に尾崎は少し顔を曇らせて、「長いこと君には苦労をかけてきたね」と言ったので、川合が涙をにじませると、気が付いた尾崎は、「人間が生きている間には、モノがにじんで見えるときもあるさ」と言ったという。

上海時代以来の尾崎について、「尾崎さんにはどんなときでも顔に曇りがなく、微笑を絶やしたことがなかった。あの人には暖かく人を包む不思議な空気があったから、一緒にいると安心していることができた」とも、川合は綴っている。

だが独ソ戦、対米英戦の危機が迫る昭和十六年の初夏になると、自身の身辺に忍び寄る黒い影を察知して、さすがの尾崎も緊張の日々であったことが、この川合の書からうかがえる。

川合が最後に尾崎に会ったのは、この年の八月下旬のことであった。この頃川合は、尾崎の口利きで、神田鎌倉河岸にある国策パルプ系列会社の大日本再生紙に勤務していたが、社の用事で上野方面行きの地下鉄に乗り込むと、偶然人混みのなかに尾崎を見つけた。

尾崎は水筒を肩から斜めに掛け、ゲートル姿で、川合の会社の北海道勇沸《ゆうふつ》工場に、講演で行くところであった。

彼らは上野駅地下のビヤホールに入り、互いに一杯ずつジョッキを傾けたが、近頃は互いに、尾行が張り付いて動きが取れないことを、確認し合った。

それから時計を見た尾崎は「時間だ。じゃあ元気で」と言って尾崎から先に立ち上がり、川合が改札口まで送っていくと、尾崎はプラットホームの人混みの中で振り返り、振り返り、手を振って消えて行ったという。川合には、これが自由な社会で見た尾崎秀実の最後の姿になった。

尾崎らの逮捕

國際諜報團檢擧さる
内外人五名が首魁

【司法省十六日午後五時發表】

主要中心人物の略歴

ゾルゲ事件の新聞記事（『朝日新聞』昭和17年5月17日付）

尾崎がゾルゲ・グループに異変が起きていることに気付いたのは、十月十二日日曜日のことだった。いつものように午前十時になると小脇に画板を抱えた宮城与徳《みやぎよとく》が、娘楊子に絵画を教える名目で、東横線祐天寺《ゆうてんじ》駅に近い上目黒の尾崎宅に来ることになっていた。

しかし昼になっても現れず、何の連絡もないまま、その日、宮城はとうとう現われなかった。翌日、さらに尾崎の不安に追い討ちをかける事態が起きた。この日、約束の夕刻六時をとうに過ぎても、満鉄のレストラン「亜細亜」にゾルゲが現われなかったのである。

一週間前の六日に「亜細亜」で会ったとき、別れ際に尾崎の方から十三日に同じ場所での再会を持ちかけていたのだが、ゾルゲが勘違いして、十五日と思い込んでいた単純ミスだった。

だがこの日十三日には、宮城の補助諜報員

九津見房子《くつみふさこ》と秋山幸治が検挙されていた。九津見は若いときに幸徳秋水《こうとくしゅうすい》、管野《かんの》すが、荒畑寒村《あらはたかんそん》らの指導を受けて社会主義運動に身を投じ、当時すでに五十四歳になっていた。秋山の方は機密文書を英文に翻訳していた男で、ふたりとも宮城に引き入れられて組織の細胞となり、宮城の自供によって逮捕された。

尾崎が検挙されたのは、十月十四日の朝であった。

上目黒の自宅で尾崎はいつものように早起きすると、早々と朝食を済ませ、六時には書斎に入った。すると下から玄関を激しく叩く物音がして、すべてを悟った尾崎は、ゆっくりと下の階へ降りていった。幸い娘の楊子は学校へ行ったあとだった。尾崎は落ち着いた表情で妻の英子を見つめると、「じゃあ、行ってくるよ」と一言だけ告げると、検事局の玉沢光三郎検事、警視庁の特高課長中村絹次郎ら総勢二〇人に引き立てられ、目黒署に連行されて二度とこの家に戻ることはなかった。

三日後の夕刻、街には「近衛内閣総辞職」の号外が流れていた。日米交渉の妥結に政治生命をかけていた近衛文麿《このえふみまろ》は、首脳会談が実現しなかったことによって決断したのであった。

だがこのときの内閣総辞職は、後に憶測を呼ぶことになった。開戦から半年が過ぎた翌年五月、司法省がゾルゲ事件を公表して、近衛ブレーンの尾崎が予審請求を受けている被告人だったことが判明すると、「尾崎の逮捕が未曽有の大事件に発展する可能性が出てきたタイミングで、近衛は総辞職を決断したのではないか」という見方が、一部にあったのである。

一方、宮城、尾崎と連絡が取れなくなったゾルゲは、クラウゼン、ヴケリッチと上海への逃亡を検討していうちに、日が一日進んで十八日となった。

そしてこの日の早朝、クラウゼンは渋谷区広尾町の自宅、ヴケリッチは牛込区左内町の自宅で、大勢の特高警察に踏み込まれ、連行されていった。

同じ日の早朝、ゾルゲは麻布永坂町の自宅で、東京地裁検事局検事の吉河光貞を総指揮官に、警視庁特高外事課ロシア係の大橋秀雄警部補らによって逮捕された。

その後、末端の細胞にいたるまで、ゾルゲ国際諜報団は一網打尽に検挙される結果となったが、日米開戦前夜の東条内閣に衝撃を与えることになった。

尾崎に加えられた凄惨な拷問

目黒署に連行された尾崎は、「私は共産党員ではありませんが、心は共産主義者です」に始まって、自分の経歴までは素直に供述したが、ゾルゲ諜報網とのかかわりについては頑なに否定した。

だが、宮城がすべて自白したことを告げられると、すらすらとゾルゲ諜報団について話しはじめた。このときの心境を、『愛情はふる星のごとく』に所収された書簡のなかで、「(宮城の供述により) 諜報網の全貌は、すでに警察側に伝わっていると分かりました。それで私は、総て終わったとつぶやきました」と書いている。

ゾルゲ事件では刑死した尾崎とゾルゲ以外にも、狂死した者を含めれば一〇人が獄中死していた。戦時下とはいえ、如何に異常な状況に置かれていたかを物語っているが、凄まじい拷問が加えられていた事実は、戦後生還した人間たちの証言でも明らかになっている。

では尾崎への拷問はあったのか。

先の宮下弘特高一課第二係長（当時）が、伊藤隆・中村智子両氏の質問に答えている。

私はそういうやりかたは性格的にも反対ですし、いやしくも近衛さんの大事な人なんだから、拷問なんぞやりませんよ。とにかく、その日のうちに尾崎を自供させることができた。ですからすぐ検事局のほうに、ゾルゲの逮捕を早く頼むと。外事課のほうにも、ゾルゲの検挙と取り調べを準備してくれ、と連絡しました。

十日に一回のペースで、伊藤・中村両氏の質問に、宮下元特高係長が答える形式の『特高の回想』は、戦後三十数年たっても官憲側にいた当事者は、都合の悪いことは否定しているのが特徴である。

他の体験者の証言を聞くまでもなく、尾崎がその日のうちに落ちた事実は、宮城与徳の自供があったとはいえ、拷問なしにできるものではないだろう。

特高の側には、早く尾崎の自供を取らなければという焦りがあったことは明白で、宮下が語っているように、「宮城の供述でゾルゲが浮かんだとき、逃亡されるおそれがある、すぐにも彼を逮捕しようとやっきになったのですが、検事局のほうでは、宮城の供述だけではあぶない、もうひとり、というので尾崎を検挙して取調べを急いだわけです」となる。

さらに近衛内閣の総辞職によって、司法大臣が誰に代わるかわからないままで、令状が取れない事態も宮下らの焦りを増幅させたとみられる。

結局尾崎本人に拷問の有無を証言する機会が与えられないまま刑死してしまったが、それでも、いくつかの間接的証言が残された。

尾崎は逮捕された日に、目黒署で宮下弘第二係長と高橋与助警部から取り調べを受けた。五日間にわたってひどい拷問を受け、取調室から留置場まで這って帰らねばならなかったと、ゾルゲ事件とのかかわりで翌年の春検挙された海江田久孝が、「目黒署の看守の話によれば」と断り書きを入れて書いている（海江田久孝『ゾルゲ事件と特高─或る被害者の手記』、「特高と拷問」『尾崎秀実著作集』第五巻、月報5、一～二頁）。

先の『特高の回想』とは別途、宮下弘は尾崎秀実に加えられた拷問について、こう記述している。

尾崎を検挙したら即日自白させて直ぐ後を検挙することに決めて、十四日の早朝、尾崎を検挙すると直ちに宮下係長、高橋与助がこの取り調べにあたった。遮二無二その日のうちに自白をさせねばならぬという意気込みで実に峻厳な取り調べを行った。

彼はまさかスパイがばれているとは思わぬので、自分が何か本に書いたもので、理論的に苛められるのだろうくらいに高をくくっていたようであるが、頭からロシアのスパイ尾崎というふうに脅しつけ、名士尾崎の壇から引き下ろし、国賊尾崎として取り扱い、彼を猫か犬のように扱って、彼の自尊心を全くなくさせてしまった。

そうすると彼は猫か犬のように卑屈になったが、遂に夕方になって自供した（『国際諜報団事件の検挙』社会運動資料センター復刻）。

とある。

「猫か犬のように扱う」とは、容疑者を素っ裸にしてしまうことを意味し、そうされると、人は自尊心をすべて失ってしまうのだという。

さらに内務大臣宛てに提出する「特高捜査員に対する褒章のための上申書」の中で、高橋与助警部は「高橋は宮下係長とともに、厳しい訊問を行った。追及が矢継ぎ早に行われ、犯人は気絶しそうになった。彼が正常な状態に戻ると、懲罰を加えることなく、訊問が続いた。高橋と宮下は尾崎にスパイ組織に関する主要な事実を完全に自供させ、彼を逮捕の日に告発した」と述べている。

それ以前の尾崎は過酷な取り調べを受けた経験もなく、諜報活動の訓練を受けたプロでもなかった。しかも尾崎のようなインテリはプライドも高く、それを突き崩されると、落ちるのも早いのは事実だろう。

それでも一日で落ちたとは早すぎる。「尾崎は何回も気絶しそうになった」のは、拷問による「峻厳な取り調べ」があったことを物語っている。

佐々木正治は伊藤律と一高時代の学友で同志であったが、社会運動資料センター代表渡部富哉に、こう語る。

宮下は拷問なぞしなかったと語っているが、あれは大嘘だ。拷問しない特高なんていない。おれが逮捕されたとき、ほかならぬ宮下から強烈な拷問を受けた。両の手に煮えたぎった薬罐《やかん》をぶらさげたまま、椅子に縛りつけて竹刀でバンバン殴りつける。殴られるたびに、薬罐の湯がこぼれて足にかかる。そういうテロをサンザン加えたあげく手をしばったまま、三階から蹴落としやがった。ゴロゴロと階段を転がり落ちる。二階の踊り場で止まる。また蹴落す。

特高と拷問は常にワンセットになっていただけでなく、転向者をスパイに仕立てて得た情報を、特高は被疑者の仲間の発言とすり替えるのを常套手段にしていたのは、職業柄、身に染みついた習性である、と渡部は指摘している。

そして戦後になると、彼らは自分たちの行為を正当化するために、真実を語ることはないというのもまた、事実だろう。

伊藤律は尾崎を売ったか

ゾルゲ事件で検挙された第一号は、北林トモ（当時五十五歳）であった。彼女が夫の郷里、和歌山県紀の川市粉河《こかわ》で逮捕され、東京に護送されて、麻布六本木署に留置されたのは昭和十六年（一九四一）九月二十八日のことである。その北林の供述から宮城与徳が割れ、一気に尾崎、ゾルゲの逮捕につながり、国際諜報団は一網打尽にされた。

問題なのは誰が北林トモの名前を官憲に告げたのかだが、尾崎の異母弟・尾崎秀樹は、『生きているユダ』のなかで、伊藤律が特高に〝アメリカ帰りのおばさん〟こと、北林トモ（『特高月報』では〝某女〟）の名をあげたことから、伊藤に「警察のスパイ」「ゾルゲ事件を暴露した共産党員」の烙印《らくいん》を押した。

伊藤律を情報源とする「北林トモの検挙がゾルゲ事件発覚の端緒」という通説はここから生まれたが、

伊藤の供述が事実とすれば、これは確かに間接的に伊藤が尾崎を売ったことになる。

さらに通説は一人歩きして、松本清張の作品『日本の黒い霧』や斎藤道一著『ゾルゲの二・二六事件』では、「伊藤律は北林トモを売ったのではなく、直接に尾崎秀実を売った」と飛躍する。〝通説〟はしばしば綿密な検証の欠落を伴うが、この場合も、「伊藤はいつどこで北林と会い、どんな話をしたか」という、年月や根拠が明記されていなかった。

とくに広い読者層をもつ国民的作家の松本清張には、先の作品の執筆に当たって、〝点と線〟への気配りが欠けていたことになる。尾崎秀樹の『生きているユダ』や、川合貞吉の証言に重点を置いたGHQのチャールズ・ウイロビー報告書、内務省警保局の内部資料『特高月報』（昭和十七年八月分）などに偏りすぎたためとみられる。

そこで問題点を整理すると、伊藤律は昭和十四年（一九三九）十一月十一日以後、共産党再建運動の容疑で収監されていた。その間面会に訪れた特高第二係長・宮下弘に、伊藤から先の〝アメリカ帰りのおばさん〟（北林トモ）の話が出た。時期は翌年昭和十五年の七月か八月であったという。

肝心なのは北林の存在が伊藤の口から宮下に伝えられたとされる正確な時期であるが、伊藤はこの年の八月十三日に釈放されているから、時間的にはそれよりも以前ということになる。

そこで北林トモの足跡も明確にしておく必要があるが、彼女が単身アメリカから帰国したのは昭和十一年十二月であった。翌年六月から、ロサンゼルスで知り合った片田江和由子が経営する、渋谷区穏田《おんでん》のエル・エー洋裁学院で教えはじめ、北林は同学院の二階に住むようになった。エル・エーはLos

Angeles の頭文字から採ったとみられる。

その後、昭和十四年七月に北林トモの夫・芳三郎が帰国し、この年十二月、夫妻は夫の郷里、和歌山県紀の川市粉河に移り住んだ。

これが北林の帰国後の大まかな足取りであるが、警視庁特高課は夫・芳三郎の帰国前から、エル・エー洋裁学院の監視を開始していたことが判明している。

警視庁特高課長・中村絹次郎が山村八郎のペンネームで書いた『ソ連はすべてを知っていた―ゾルゲ・尾崎赤裸の全貌』によると、エル・エー洋裁店の前に身分を秘して一軒家の二階を借り、特高課の刑事が交代で北林の所に出入りする人間を監視し、彼女が外出するときは尾行していた。

特高がそこまで北林トモに注目したのは、単に〝アメリカ帰りのおばさん〟だけが理由ではなく、彼女がアメリカ共産党日本人部に所属していたことに加え、宮城与徳とのかかわりに注目していたためとみて差し支えあるまい。

日米関係が悪化の一途をたどっていた当時、官憲はアメリカのスパイに神経を尖らせていた。実際アメリカ共産党が、連絡員を頻繁に送り込んでいるという情報を摑んでいたからである。そのひとり宮城与徳が日本に送り込まれてきたのは、昭和八年（一九三三）十月二十四日であった。ゾルゲが日本に潜入したのは、同じ年の九月六日であるから、背後にいる諜報を担当するモスクワの赤軍第四本部と、アメリカ共産党の関係が、垣間見えている。

そこで、宮城与徳警察訊問調書によれば、北林トモが昭和十一年十二月に帰国すると、宮城は彼女を横浜港に出迎えていた。宮城の方は前年の昭和十年には、すでに警察のブラックリストに載っているから、北林を出迎えていた現場を、尾行していた特高に摑まれていた可能性もある。

かつてロサンゼルスの北林宅の二階に宮城は間借りしていた仲であり、北林が帰国後も、連絡を取り合っていたことは間違いない。したがって宮城への監視の流れで、北林トモへの内偵も、彼女の帰国後すぐにはじまったと考えられる。特高が注視するのは、囮《おとり》となって泳がされている北林トモに、どんな人間が寄って来るかである。

そんな折、北林の夫・芳三郎が帰国したことを特高警察は把握しているから、北林トモへの監視は少なくとも、昭和十四年七月以前からはじまっていたことが明白になる。

そのため伊藤律がこの〝アメリカ帰りのおばさん〟の件を宮下弘に話したのは、昭和十四年十一月十一日から翌年八月十三日までの間であるから、北林トモへの監視が始まった後になる。

この前後の経緯については、渡部富哉の綿密な調査が、渡部の著書『偽りの烙印―伊藤律・スパイ説の崩壊』に詳細が記されているが、「伊藤律が北林トモを警察に売ったのが、ゾルゲ事件発覚の端緒」の説は、土台から崩れることになる。

平成五年から平成六年（一九九三～九四）にかけて、元和歌山県粉河警察署特高視察係・小林義夫に渡部が聞き取り調査した結果、北林夫妻が昭和十四年（一九三九）十二月に粉河に移り住むと翌年の初春、警視庁から二人の刑事が来て、監視の継続を依頼していたという証言を引き出していたことも、「北林トモは東京時代、すでに監視されていた」は説得力をもつことになった。

さらに『太田耐造追想録』（戦前に司法省刑事課長）によると、太田の後輩検事たちの座談会で思想部次長検事だった井本台吉（戦後、検事総長）が、「伊藤律なんか（事件に）殆ど関係ないよ。あれを（警察が）伊藤律が全部ばらしたようにしちゃったんだね」と述べている（渡部前掲書）。

だが「伊藤律は権力側から送り込まれたスパイ」説によって、戦後、日本共産党を除名され、その後、密かに渡って行った中国では、三十年の間に二十七年間の獄中生活を余儀なくされたが、昭和五十五年（一九八〇）に帰還を果たした。それでも本人や家族にとって、失われた名誉や苦痛はあまりにも大きかった。

だが伊藤の身辺で起きた出来事のなかには、同志の心証を悪くしたり、自身に不利になる要素がいくつかあったのも事実であった。伊藤は昭和十五年八月に釈放されたあと、満鉄東京支社に復職したが、当局側に尾崎秀実の身辺を探らせる意図があった可能性は否定できない。

とくに転向者をスパイに使うのは官憲の常套手段であり、伊藤にかぎらず、思想犯は釈放されると、月に一度は担当した刑事や特高警察に顔を出すことが命じられていた。

そこで伊藤律も、直接彼を取調べた伊藤猛虎を訪ねたり、宮下弘と酒を飲んだりしていた事実も、「伊藤律―宮下弘ラインあり」として、まわりの不信感を買ったに違いない。多彩な女性関係や派手な言動も加担した可能性がある。

伊藤は尾崎にとって一高の後輩であり、伊藤の郷里が尾崎の先祖の地、岐阜県加茂郡西白川村字河岐とは一つ山並みを越えた所だったことも、互いに親近感をもったようだ。

伊藤のような思想犯としての逮捕歴がある者に、就職の機会はきわめて少なかった当時、その点でも尾崎は恩人であり、伊藤も尾崎を尊敬していた。

そんな伊藤を尾崎は獄中にあっても、心をくだいた内容を書簡に綴っている。

君ちゃん（伊藤律夫人）ところ赤ちゃんが生まれたはずだが、どうだったろうかといつも考えていましたが男の子だったよし、お目出たいことです。きっと大きないい子だろうと思います。私にお見舞いのお金を入れて下さった由、（今日まだとどきませんが）有難いことです。このごろ特に人の情けを身に沁みてしみじみと感じます（尾崎夫人英子宛、昭和十八年三月三十一日書簡）。

伊藤律スパイ説は、今日ではほとんど信じられなくなった。だが、北林トモが宮城与徳の名をあげたことが、ゾルゲ事件発覚の糸口なったという説には変わりないものの、注釈を付す必要がある。宮城は北林より以前から警察の監視下にあったとみられることから、北林の自供により、警察は確証を得たという流れになるはずである。

北林には治安維持法違反、国防保安法違反として懲役五年の刑が下されているが、判決文の訴因では、近所の出征兵士の見送り風景、和歌山地方の米の作つけ具合、隣近所の防空演習といった、銃後の光景が宮城に伝えられていたに過ぎなかった。

それでも彼女の逮捕が諜報網に与えたダメージが致命的となったのは、宮城与徳の自供内容である。アメリカ共産党から送り込まれ、日本の軍事情勢、政治・外交、国内の一般情勢の情報を収集し、自分への協力者であった秋山幸治、小代好信、九津見房子、田口右源太、北林トモらの情報を合わせてゾルゲに直接伝えていたほかに、しばしば尾崎情報もゾルゲに橋渡しをしていた。

宮城が密かにアメリカから帰国したときは、いわば半外国人のマイノリティー・グループの人間であるから、日本人になりきろうと無理をして先を急ぎ過ぎてしまった。諜報団の細胞を増やし過ぎたが、宮城が重い結核を患っていたことも先を急いだ要因だろう。

宮城与徳はゾルゲ諜報団の日本人メンバーのなかでは、尾崎に次ぐポストにいた。明治三十六年（一九〇三）二月、沖縄に生まれ、大正八年（一九一九）六月、日本で高等教育を受ける機会がないまま十六歳で父親の後を追ってアメリカに渡った。カリフォルニア州立美術学校、サンディエゴ市立美術学校を卒業して、画家をしているときにアメリカ共産党日本人部に入った男で、思想教育もアメリカで受けた半外国人であり、日本国内に足場はなかった。

したがって尾崎のようにエリートの学友や各界上層部とのパイプはなかった。交際範囲も狭く、軍事情報でも小代好信のような下士官クラスの協力者から得られる末端の情報でしかなかった。

だが、結果として彼の自供内容が尾崎、ゾルゲには致命傷となったことを考えれば、アメリカ共産党が彼を日本に送り込んだことが禍根を遺すことになってしまった。

12 ゾルゲ裁判と戦時下の処刑

量刑を左右した御前会議の情報

逮捕後の尾崎は司法警察官訊問、検事訊問、予審判事訊問をへて、昭和十八年（一九四三）九月二十九日、東京地裁で死刑判決を受けた。裁判長は一高同期の高田正《たかだただし》であった。

当時は二審制のため、控訴審となった昭和十九年四月五日の大審院判決で「控訴棄却」となり、死刑が確定した。

一・二審で指摘された数多い判決理由のなかで、きわめて重い意味を持ったと考えられるのは、尾崎の入手した情報がヴケリッチの手によって、当時では最新の写真技術を駆使したマイクロ・フィルムになってモスクワに、生の資料として渡っていたことである。

これは当時の時代感覚からしても衝撃的であるから、量刑に重大な意味をもたせたはずで、そのひとつが先の、七月二日の御前会議で決定された帝国国策要綱に対応する「新情勢調査」の報告である。

この資料は作成の段階から陣頭指揮を執った尾崎によって、宮城経由でゾルゲに渡ったことが判明しているが、その後の流れについて宮城は、「原文はマイクロ・フィルムに収められてモスクワに送られたと思います。（私が）英訳したのは専らその内容をゾルゲに知らせる為でした」（『現代史資料』3、ゾルゲ事件㈢、三六六頁）と述べている。

一方ゾルゲは、「これは尾崎が満鉄の為に書いたものと思いますが、これは莫斯科（モスクワ）に報告せず、唯私の参考資料としたものです」（『現代史資料』24、ゾルゲ事件㈣、二三〇頁）としか述べていない。実際にモスクワに伝わっていたか否かは、ロシア側の資料でもまだ確認されていないが、ゾルゲが尾崎を庇っている可能性がある。

だが尾崎の判決文では、いずれの訴因についても「情報を探知収集したる上、その都度ゾルゲ方等に於いて直接、または宮城与徳《みやぎよとく》を介してゾルゲに提供し、同人等をしてモスコウの中央部に伝達せしめ…」となっている。さらに先の「新情勢調査」についても、「『新情勢の日本政治経済の及ぼす影響』と題する調査報告書を入手し…モスコウに伝達せしめ…」と、裁判所は実際に情報が先方に届いたかどうかではなく、送る目的で行動したことを問題視している。

時期的にみても開戦を控え、国家の存亡にかかわる重大機密情報の漏洩であり、判決が下ったのが戦中であった特殊事情は、尾崎の大審院判決文の最後にある「戦時刑事特別法第二十九条により主文の如く判決す」の文言が物語っている。

軍が裁判への関与を回避した怪

尾崎の東京地裁判決に適用された法律は、治安維持法・国防保安法、・軍機保護法・軍用資源秘密保護法の四つの違反についてであった。

だが大審院の控訴棄却判決では、尾崎には一審で適用された軍用資源秘密保護法が外されていた。昭和十四年（一九三九）三月二十五日に公布され、主として軍隊・軍需工場の秘密探知・収集漏泄違反に適用される法律である。

だが尾崎がゾルゲに提供した情報のなかには、満鉄調査部や知人を介して知り得た関東軍の動向が含まれていた。それでもこの法の適用が除外されたのは、明治三十二年（一八九九）七月十五日に公布された軍機保護法、昭和十六年三月七日公布の国防保安法で乗り切れると裁判所は判断したのだろう。

昭和十一年、海軍に採用された「十一試艦上爆撃機」は、通称九九式艦上爆撃機として真珠湾攻撃はじめ、太平洋戦争初期に活躍した機種であった。同機を生産した愛知時計電機の情報が、尾崎を通してゾルゲに渡っていた事実も、「軍需工場の秘密漏洩」に該当するはずだが、尾崎の二審判決（大審院判決）で軍用資源秘密保護法が除外されたのも同じ理由に違いない。

ゾルゲ事件全般にわたる裁判を通じて、治安維持法・国防保安法・軍機保護法・軍用資源秘密保護法のいずれかが、あるいはゾルゲのように、すべての法が適用されたことは判決文に謳《うた》ってある。だが問題なのは、尾崎の主任弁護人を務めた竹内金太郎が指摘しているように、どの事案が治安維持法違反、何が国防保安法以下それぞれ三つの法に違反しているかの分類が明確でないことである。尾崎の一審で適用された軍用資源秘密保護法が、二審では除外されているのもその一例である。

しかも当局は、ゾルゲ事件を「国際的スパイ事件」として捉えているのであるから、国防保安法などの、いわゆるスパイ防止法が柱になるが、この三つの法だけでは、問題が生じてしまう。ゾルゲが帰属する組織が赤軍なのか、コミンテルンなのかによって、管轄機関も、適用される法律も異なるからである。

ゾルゲが赤軍第四本部の指示で動いていたとすれば、ソ連軍の組織であるから憲兵隊に引き渡されるはずで、軍法会議の事案となる。

だがコミンテルンの指示であれば、思想関係であるから治安維持法の適用を受けることになり、内務省と司法省の管轄になる。当局が苦慮したのはこの点であった。検事の訊問では当のゾルゲでさえ、「私は今でも、自分がコミンテルン本部に属しているのか、赤軍第四本部の一員なのか、あるいは外務人民委員会、それともソビエト共産党中央委員会に属するのか、判然としない」と、供述が曖昧だった。自身でもどの組織の指令で動いているのか判然とせず、とくにスターリンが主導する当時のソ連共産党最高幹部とコミンテルンとの力学関係、双方の組織の綱引きの実態が、日本にいては分からなかったのである。

もっともゾルゲは、検事訊問調書や判事の訊問、獄中手記を見るかぎり、国体や私有財産制を否定する運動の取り締まりを目的として制定された治安維持法は、外国人には適用されないと考えていたとみられる。

だが実際には、尾崎もゾルゲも、さらに広範囲にわたって治安維持法が適用されていることが、判決文から読み取れる。国防保安法以下の三つの法だけでは、利敵行為として処断するには、根拠が完璧とはならないからであり、このあたりが、戦時下における法の過大な類推解釈とみられる。

さらに奇怪なのは、ゾルゲ事件の裁判全体を通じて、軍人の名前がまったく挙がっていないことである。日本の南進決定を西園寺に漏らした藤井茂海軍中佐、ゾルゲがドイツ大使館で親しく会っていた馬奈木敬信《まなきたかのぶ》陸軍少将（事件当時）も、憲兵隊の取調を受けた形跡はない。

西園寺公一が検事の訊問を受けた当時、藤井茂は連合艦隊政務参謀で、山本五十六《やまもといそろく》の下にいた。時期からいってもミッドウエー海戦の二ヵ月前、破竹の勢いの海軍の要人であり、その後も激戦の真っ只中にいたこともあるが、軍に対しては内務省も司法省も手が出せなかった。

一方の馬奈木は、山下奉文《やましたともゆき》中将率いる第二十五軍参謀副長兼軍政部長として、開戦と同時にマレー半島に上陸していた。翌年二月十五日、シンガポールを陥落させて、山下と英軍司令官パーシバル中将との、「イエスかノーか」の会談にも同席していた。その後はボルネオ守備軍参謀長、サイゴンに司令部を置く第二師団長として、南方作戦で指揮を執る重要人物だった。

だが馬奈木などはまだ氷山の一角で、親独派の多い陸軍では、ゾルゲと接していた人物は少なくなかった。裁判当時、参謀本部付の陸軍大佐だった秩父宮には、昭和九年から十年（一九三四～三五）にかけて、コミンテルンから偽名で送り込まれていたアイノ・クーシネンが私邸をしばしば訪れていた事実もあったが、不問に付された。

事件の捜査段階から、軍のガードがきわめて固かったとみるべきであろう。ゾルゲ事件では陸軍も海軍も、無関係では押し通せない深刻な事情を抱えていたからであり、ゾルゲとの関係以外にも、尾崎と親しい参謀本部の中堅どころがいたことも判明している。

だが対象は人間関係だけに限ったことではない。国防保安法など三つの法律は、陸軍大臣・海軍大臣の所管に置かれた施設や管理事項にかかわっているからである。したがって、これらの違反事件は憲兵隊が取り調べ、軍法会議で審理されても不思議ではなかった。

ちなみに「憲兵」とは、『日本憲兵正史』（全国憲友会編）によれば、「主として軍事警察を掌《つかさど》り、兼ねて行政・司法警察を掌る」と定められ、軍事関係だけを対象としたものではなく、行政警察権、司法警察権が付与されていた。

したがって、主として軍の規律保持のため、陸軍大臣・海軍大臣の管轄下にあった軍法会議でも、特殊な犯罪については民間人を対象として、取り調べて処断することができた。二・二六事件で刑死した北輝次郎《きたてるじろう》（一輝《いっき》）や西田税《にしだみつぎ》らがその一例である。

だがゾルゲ事件では軍がこれを避けてしまったのは、軍事機密が漏洩していた事実を白日の下にさらしたくなかったからであり、太平洋戦争のさなかにあって、威信と面子の失墜を怖れた結果とみるほかはない。

結局、司法省と内務省が主導したこの事件の裁判では、一審、二審ともに治安維持法・国防保安法・軍機保護法・軍用資源秘密保護法の各違反事件として扱われ、尾崎・ゾルゲに死刑判決が下された。

裁判に適用された法律の是非

尾崎の一審、二審判決を通じて、どの事案が治安維持法以下四つの法律のいずれに違反しているかについて、分類が明確でないと指摘したのは、竹内金太郎弁護士であった。

このような長期にわたる軍事機密の漏洩事件は、軍法会議で審議すべきであると暗に指摘した竹内弁護人の戦術は、当局の痛いところを衝いてはいたが、結局は通じなかった。

そこで、起訴状中の各訴因に適用された法律を大まかに見ていくと、まず問題になるのは、「いつからいつまで、尾崎のどのような行為が犯罪とみなされたか」である。

だが一審の判決文では、上海滞在中の尾崎が、ゾルゲやスメドレー、共産党系中国人たちと接触していた事実には触れてあるが、犯罪行為として認定された事案は一件もない。

したがって対象となるのは、帰国した昭和七年（一九三二）三月から、逮捕された昭和十六年十月までである。横浜弁護士会・国家秘密等情報対策委員会がまとめた『ゾルゲ事件判決を読む』（一九九七年刊）を参考にしながら、尾崎がかかわった重大事案についてのみ、該当する法律に分類すると、次のようになる。

(1) 国防保安法（第四条2項）違反
・七月二日の御前会議決定事項の探知、漏洩
・各方面から入手した南進情報の漏洩

・昭和十六年八月末、対米交渉の「近衛案」を西園寺公一から閲覧させてもらった行為と漏洩
・日米交渉の進捗状況の探知と漏洩
・日本の石油備蓄量の情報入手と漏洩

(2)治安維持法（第一条）だけに違反したとみなされた行為
・国防保安法が施行された昭和十六年五月十日以前において、各種情報をモスクワのコミンテルン本部に、無電、伝書使によって通報せしめた行為（全体で七八件該当。近衛グループ朝飯会の情報、各種満鉄情報、『東京時事資料月報』等を含む）

(3)国防保安法（第四条）*と治安維持法に違反したとみなされた行為
該当する違反行為は二件あり、
・国家機密探知罪（第四条1項）
七月二日の御前会議の内容、我が国の南進政策を西園寺より聴取し、ゾルゲに伝えた行為。
・西園寺が所持していた「対米申入書」を閲覧し、米国による日華事変解決の斡旋、今次欧州大戦と三国同盟との関係を西園寺に調査依頼し、報告させて国家機密を探知した。
＊国防保安法第四条1項は国家機密探知罪、2項は、その違反行為に対しては死刑を含む重罪となると定められている。

(4)国防保安法（第八条）*と治安維持法に違反したとみなされた行為
・我が国国防上の利益を害する用途に使用されることを知りながら、一三件の情報、二件の極秘刊

行物をゾルゲに渡し、モスクワに通報伝達せしめた行為

・その一つは、尾崎が日米交渉に関して各情報を探知、収集し、クラウゼンを通じてモスクワに通報した事案

＊国防上の利益を害すべき用途に供する目的を以て又は其の用途に供せらるる虞あることを知りて外国に通報する目的を以て外交、財政、経済其の他に関する情報を探知し又は収集したる者は十年以下の懲役に処す。

(5)軍機保護法違反と治安維持法違反に当たるとされた行為

・昭和十四年、満鉄の社命により中支方面に視察旅行した際、在支日本軍師団名、駐屯地が記入された地図を入手し、結果的に米国系「チャイナ・ウィクリー・レヴィユー誌」に掲載された。

(6)軍用資源秘密保護法、軍機保護法、及び治安維持法違反とされた行為

・これらの法の適用について、ゾルゲには該当する行為が二件認められるが、尾崎の違反行為は見当たらない。ちなみに尾崎の二審判決では、軍用資源秘密保護法が除外されている。

以上のように簡潔に分類してみると、尾崎には上記(1)の国防保安法（第四条2項）違反によって、死刑判決が下されている。国防保安法の第四条2項に定められた、「外国に漏泄し、又は公にしたるときは、死刑又は無期もしくは三年以上の懲役に処す」が適用されたからである。

だが横浜弁護士会・国家秘密等情報対策委員会が編纂した『ゾルゲ事件判決を読む』が疑問視しているのは、この国防保安法の第四条2項の適用の是非についてである。

問題なのは、旧刑法八十一条に定めた外患罪との不均衡であり、国防保安法の条文がきわめて異常で、過酷なことである。

外患罪で死刑になるのは「外国に通牒して帝国に対し戦端を開かしめ、又は帝国に与《くみ》して帝国に抗敵したるとき」であるから、外国に武力行使させて日本を攻撃させようとする意図を有していなければならないことになる。

ところが国防保安法では「戦端を開かせる」意図がなくても、「漏泄」しただけで死刑になり、刑法と同時に存在していたことは、たしかに不条理である。

もう一つは、この条文の前提となる情報の探知と漏洩でいえば、尾崎はまず自身の見解を前面に出し、情報はあくまで、その裏付け、ないし補完的材料に過ぎないことである。

例えば上記⑷の国防保安法第八条が適用された例を取ると、昭和十六年八月中旬頃、尾崎が「同年中に於ける対ソ戦開始は極めて疑問である」をゾルゲに報告した事実についてである。

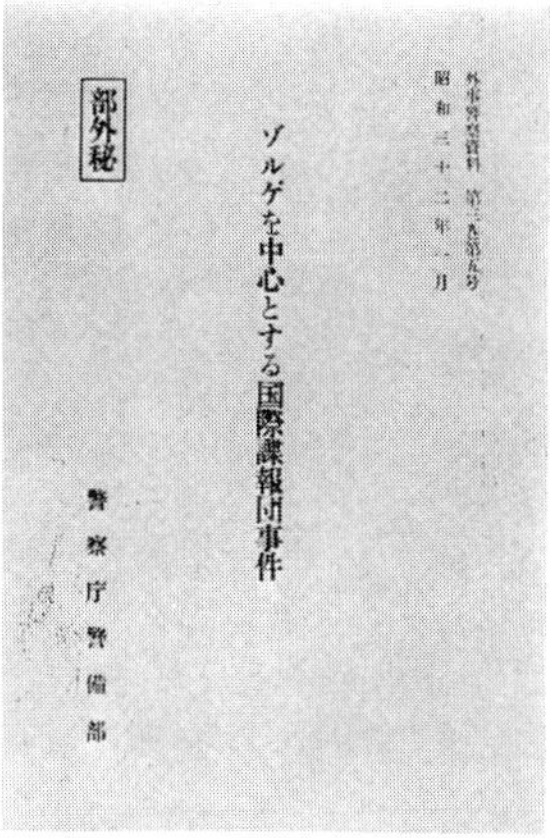

外事警察資料「ゾルゲを中心とする国際諜報団事件」

この部分も死刑判決の重要なポイントになっているはずだが、判決では「聴取した」と認定した「情報」のなかで、「同年中に於ける対ソ戦開始は極めて疑問である」は、尾崎自身が下した情勢判断の結論であって、「情報」ではない。尾崎自ら筆を執った『(満鉄)東京時事資料月報』から、結論を引き出しているのだ。

竹内弁護士も、「尾崎が知り得た情報は、すでに彼が予測していた通りのものであり、自分の考えとしてソ連に伝えた政治的見解に過ぎない」と指摘している。

治安維持法の適用については、以前からゾルゲ事件研究者たちの間で疑問視する声があがっていた。事件に関与した者の判決文には、「コミンテルンの目的遂行に協力せんとの意図の下に」の文言が入っているように、治安維持法一条・十条の目的遂行罪が適用されたからである。

その治安維持法第一条は、「国体を変革することを目的とする結社に加入したる者又は結社の目的遂行の為にする行為を為したる者は三年以上の懲役刑に処す」、第十条は「私有財産制度を否認することを目的として結社を組織したる者又は情を知りて結社に加入したる者若しくは結社の目的遂行の為にする行為を為したる者は十年以下の懲役に処す」という条文である。

つまり天皇制の否定と私有財産制度を否定する者に対する罰則であるが、事件発覚前は、モスクワに本部を置く共産主義の国際組織コミンテルン（共産主義インターナショナル）の存在はほとんど知られていなかったから、「結社」とは日本共産党を指していたのは明らかである。

だが日本共産党は当時壊滅状態にあり、発覚したゾルゲ事件によって、判決文に「コミンテルン」の文言が使われている。

では治安維持法の適用に問題はなかったのか、となると、膨大な行為はそれぞれ国防保安法・軍機保護法・軍用資源秘密保護法違反が問われているが、その大半が治安維持法の「目的遂行罪」に当たるとみなされたのである。実際、判決では多くの事犯を列挙し、最後のまとめとして「以てコミンテルンの目的遂行の為…」と一括りにされている。とくに尾崎はゾルゲと同じく、オール合わせて一本、という図式なのである。

治安維持法は大半のほかのメンバーにも適用されているが、この場合は問題ないのか。例えばある工場の生産量を探知して漏洩した行為や、具体例でいえば、北林トモが宮城与徳に語ったその年の郷里和歌山県粉河地方の稲作の出来具合が、国体の否定や私有財産制の否定とどんな関係があるのか、ということになる。

そこに広義の類推解釈を持ち込んで包み込み、全体として「コミンテルンの目的遂行の為に為した行為」という構図にしているところに無理があるわけである。

数多い事犯と裁判に適用された法律を見て気が付くことは、彼らの諜報活動が単発だったり、短期間の場合と異なり、東京を舞台にした場合に限っても、八年もの長期にわたっていることである。旧刑法五十五条には、連続犯に対する規定が定められているが、尾崎の判決文にも、「各軍事上の秘密の探知、各軍事上の秘密の漏泄はそれぞれ『連続した同種の行為』である」の文言が見えている。

先の横浜弁護士会・国家秘密等情報対策委員会の見解も、「行為として連続していて犯意も継続しているとのことで、連続犯とされていたから、結論は全体が科刑上は一罪ということになっていく」となっている。したがってこの連続性も、当然ながら量刑に大きく作用したとみるべきであろう。

尾崎の天皇観

ゾルゲ事件では、全般にわたって判決の厳しさが際立っているが、法律の解釈論はこの事件の本質をみる上で不可欠になっている。

先に触れたコミンテルンなのか、それとも赤軍なのか、ゾルゲの帰属組織の特定がそもそもの出発点となるが、尾崎の弁護人竹内金太郎は、「先ずゾルゲの司令塔を明確化してから後に、諜報団メンバーの判定を為すべきが公正な審理」と指摘している（『現代史資料』1、ゾルゲの大審院判決文）。

そして治安維持法の適用に関しては、「尾崎が望んだ思想の変革は、一千年単位で考えるべきもので、目の前の事象で考慮される問題ではない」、と主張する。

そして戦後、『回想の尾崎秀実』に所収された竹内の一文「尾崎秀実の弁護に立ちて」のなかでは、「天皇制と軍部」に対する尾崎の見解も明確に述べている。

尾崎は共産主義者には違いないが、一般の共産主義者の如く、天皇制や私有財産制の即時打倒を主張する者では絶対にない。ただ軍閥の跋扈《ばっこ》に対して正反対たるのみである。

その軍国主義反対は、彼の政治上の意見にして、彼の眼中には軍人も文人も猫も杓子もない、唯々軍国主義が目の敵であっただけである。

軍人でも平和論者なら直ちに握手したであろう。尾崎は軍人と度々会食した。勤労大衆でも軍国主義者ならば忽《たちま》ち打倒したであろう。尾崎は主義の殉教者で、ケチ臭い偏狭の男ではなかった。

天皇制について尾崎の見解は、第二七回検事訊問調書でも自身で述べている。

私個人としては天皇に対して、宗教的に信奉する国民は別として、ごく普通の日本人の感じ方であります。問題なのは、日本の真の支配階級たる軍部資本家勢力が、『天皇』の名において行動する仕組みです。

したがって私の国体に対する観念を定めた上で、反国家的行動に向かったのではなく、共産主義者としての超国家的行動から、自然に反国家的行動に出たということです。

見えにくい実像

尾崎秀実自身の観念論、ゾルゲ事件で果たした役割について知る手掛かりは、逮捕後における陳述の評価に大きなウエイトを置かざるを得ないことは言うまでもない。だが尾崎は「自分は政治家である」と言っているように、政治的論評の発表活動が主流をなしているために、どこに真意があるかみえにくい場合がある。

人間尾崎秀実の実像は、獄中で家族と交わした書簡集『愛情はふる星のごとく』にもっとも正確に描かれている、と高等学校以来の親友松本慎一は指摘する。

だがそこに綴られた内容は、主として妻子と、迷惑をかけた知友たちに向けた「情」の世界の尾崎であり、検閲による制限も加わっているとはいえ、思想の世界がみえてこない。

したがって、獄中の尾崎と頻繁に接見し、さらに処刑直後から火葬場まで、身近に接した竹内金太郎弁護士による発言記録や書き遺した資料には、制約が最も少ないという点で、信頼がおけると考えられる。

特高による激しい拷問の末に取られた警察訊問調書、それを下敷きにした検事訊問調書は、拷問の有無とは関係なしに、いったん自供した内容は覆されるわけではなく、判事による訊問もあくまで自供内容にそって進められている。

東京地裁と大審院に提出した二篇の上申書の場合は、転向を装って時間を稼ぎ、敗戦まで生きながらえて世に出て、日本の再建に尽力しようという目的で書かれていることを差し引く必要がある。だが転向ととれる上申書について、伊藤律は「彼のために転向を弁解するのではなく、真実を明らかにしたいのだ」と断り書きを付して、別の見方を、『生還者の証言』のなかに綴っている。

尾崎はエリート官僚を握れば、上から日本の民主化ができると考え、近衛文麿の新体制を支持した。これはずいぶん尾崎と話しあった。労働者、農民と結びつかなければ日本の民主化は不可能だ、とずいぶん議論を交わした。尾崎は「俺の先輩は上からやった方がよいと言った」というんだ。〝俺の先輩〟とはゾルゲのことだったんだ。

では竹内弁護士に対してはどうかとなると、検事の訊問には「心は共産主義者だが、共産党員ではない」と言いながら、竹内には「共産党員でした」と告白しているように、尾崎にとって、もっとも真実を吐露できるのは竹内弁護士だったとみられる。

竹内は弁護する側の人間であることを考慮する必要はあるが、入獄直後の葛藤をへて、死刑が確定し、処刑を待つまでに流れた時空のなかにみられた心境の変化まで、老練の竹内弁護士は見抜いている。

尾崎は竹内宛に、「私は日本に生れ、日本で死し、悠久に日本で生きるのは無上の本望です」と書いたが、一方、竹内は、

> 尾崎は私に対して、古来思想家は当世には容られぬもので、迫害を受くるのが常であり、それが寧ろ名誉だと言ったことがある。今、この話と手紙の文句とを考え合わすと、思い半ばに過ぎるものがある。吉田松陰の『身はたとひ武蔵の野辺に朽ちぬとも留め置かまし大和魂』の辞世と同巧《(ママ)》異曲といえよう。
>
> 尾崎は当初より迫害の来るべきを予期していたのは事実である。維新の志士（吉田松陰）が『かくすればかくなるものと知りながら止むにやまれぬ大和魂』と吟じたのと其の軌を一にするものである。もちろんその趣旨は氷炭の差であり、濃淡と方法の違いはあるが、愛国の精神に至っては同一である。

と書いている。

この一文は、維新の志士の格調高い辞世の句を引き合いに出していることからして、尾崎の処刑が近づいてきた頃の心境を、竹内が忖度して綴ったとみられるが、何でも言える時代に変わってからの回想ではある。

戦時中の法廷闘争では、竹内は東条内閣、軍部、右翼から有言・無言の圧力を受けたはずだが、それでも法廷でみせた竹内の迫力ある発言は、気骨あふれる明治人であったことをうかがわせる。

竹内金太郎の孫・竹内謙（元鎌倉市長）は、「あの時代、共産主義者による大事件を引き受ける弁護士はいなかった。それを祖父は敢然と引き受け、一緒に闘った」と語っている。

一方で、事件に連座して懲役十年の刑を受けた川合貞吉は、『ある革命家の回想』のなかに、「（私についた）弁護士は、治安維持法違反に私の行為が該当しないということを弁護もしなければ、その証拠品についてもそれが何の価値もないことを指摘しなかった。結局裁判は私の供述だけによって行われた」と記している。

また安田徳太郎（執行猶予五年。医師）は、著書『思い出す人びと』に、「おまけに弁護士二人は怖がって、弁護ではなくて有罪を唱えるという、奇妙な裁判でした」と書いている。

尾崎の最後

昭和十八年（一九四三）十二月二十日から東京拘置所に服役していた伊藤律が、偶然、獄中の尾崎を見ていた。

昭和十九年（一九四四）の正月が、飢えと寒さのなかに訪れた。視察口外側の蓋を箒の先端の細い藁茎で、鉄網の目をとおして押し上げ、配食のとき、向かい側に並ぶ独房住人を監察した。看守のすきを狙うのだから、何日も時間をかけて、少しずつみなければならない。斜め右前八房の住人被告が、元日早々、朝の配食の際、お茶を受ける小ドビンをうっかり落として割った。

その悲しげな顔をみて驚いた。尾崎秀実であった。夫人から彼が痩せて老いたと聞いてはいたが、あの小太りの血色のいい顔とはまるでちがい、痩せこけてしなび、別人のようだ。誰が彼をこの絶境に突き落としたのか？　勿論それは天皇制権力だが、自分にも別の意味で責任がある。言いようのない痛ましさ、苦しい悔恨で胸が一杯になった（伊藤律遺稿、未発表。渡部富哉の論文「ゾルゲ事件の真相究明から見えてくるもの」に所収）。

伊藤が尾崎を見かけたのは、一審で死刑判決が出てから三ヵ月と少し後のことである。拷問につづく峻厳な取り調べ、劣悪な獄中の環境、二審の判決結果も絶望的にみえたこのとき、死の淵を見つめる人間の痛ましい姿を垣間見せている。

その後、昭和十九年四月五日の大審院判決で「控訴棄却」となり、死刑が確定してから七ヵ月後の十一月七日朝八時五十分、尾崎は東京拘置所の絞首台に立った。四十三歳であった。

竹内金太郎弁護士は回想録に、尾崎の最後の姿を次のように描いている。

この日早朝に起床した尾崎は、独房を整頓し、渋い銘仙の揃いの羽織袴、新しい襦袢と白足袋を着けて待っていた。監視が呼びに行くと、尾崎は本を読んでいた。「あゝ、そうですか」と言って、読みかけの本を伏せて立ち上がった。

刑場に着いてからの姿は、処刑に立ち会った東京拘置所の市島成一所長から、竹内が聞かされていた。「尾崎は仏前の茶をうまそうに飲んだが、饅頭は、これは食えませんと言って苦笑した。それから立ち合いの人々に、さようなら、さようなら、と挨拶した」。

遺骸は生前からの申し出により、竹内弁護士と英子夫人が確認することになっていた。ふたりが待っていると、青い囚人服の男がふたりで桶をかついできた。傍には、ゾルゲのためと思われる長大な寝棺が置かれていた。

竹内が桶の蓋を取ると、尾崎は俯せ姿で合掌させられ、首には無惨にも絞索（ロープ）の跡が紫斑状になって残っていた。

竹内が観音経をそっと収め、英子夫人は夫が家に遺していったフランス香水をたっぷりと振りかけた。ふたりは石で棺に釘を打ちつけた。釘は四本しかなかったので、火葬場に着いて棺桶を横にして霊柩車から降ろす際、蓋が外れて尾崎の顔が出てきてしまった。もう一度遺体を入れなおし、蓋の釘をしっかり打ってから火葬した。それから大雨のなかを、夫人と骨壷を抱いて、主なき尾崎宅に帰って行った（『尾崎秀実は間諜に非ず』新人物往来社歴史読本復刻版）。

尾崎に遅れて四十五分後にゾルゲも処刑された。首にロープを掛けられるとき、この国際諜報団のボスは、「コミンテルン万歳！　ロシア万歳！　赤軍万歳！」と叫んだという。日本国民には、何ともむなしく聞こえる叫びである。

ゾルゲの墓（多磨墓地）

あとがき

尾崎が生命を賭した活動のなかで、際立っているのは近衛内閣と国家の機密をソ連側に流し、軍閥が支配する日本を変えようとしたことである。

そもそもゾルゲの来日目的は、「日本がソ連を撃つか否か」の情報収集が目的であり、尾崎もそれにそって協力しているうちに、いつしか「日本の変革」を命題とするようになっていた。その点では、ジャーナリストとしての正当な取材・発信は勿論のこと、諜報活動の域をも超えている。

ゾルゲにはもう一本の柱があり、コミンテルンの掲げる「世界共産主義革命」の成就を信じて行動したが、途中からコミンテルンの理念に疑問を抱き、「ソ連邦の安泰」「赤軍勝利」という現実路線に自身をシフトさせ、献身的に活動して生涯を終えた。

だが尾崎の場合は、自らの帰属社会への貢献という図式が成立しないなかで、反国家的行動をとった。それは日本の軍事行動に対抗する理論武装・文装的防備でもなかった。

だが天皇を頂点に戴いた軍部主導の国家体制の下で、総力戦体制の軍備構築と戦争にひたはしる日本にあって、ソ連邦の安泰と、中国共産党主導の国家建設への加担まではわかるのだが、世界共産主義革命成就後の、日本のグランドデザインが尾崎のなかにみえてこない。対欧米、なかでも米国との関係がどうあればいいのか、という尾崎の志向がみえないのである。

伊藤律は『生還者の証言』のなかで、「彼（尾崎）の日本革命についての考えに、歪《ゆが》みがあることは当時も率直に意見した」と語っている。

敗戦を経て日本は、軍閥が消滅して曲がりなりにも民主主義国家として生まれ変わった。だがそれは尾崎が望んだソ連ではなく、アメリカを介して得た新国家の建設と繁栄であった。

ソ連の体制も崩壊した今日、尾崎の世界観と思い描いた理想の姿はあまりにも現実と違っていたことは、彼自身が甘受しなくてはならない、歴史のアイロニーである。

尾崎は国家をソ連や中国共産党に売った国賊として断罪された。いまのように質を異にする時代であってなお、尾崎の行為は大半の日本人の主義と美学に、共鳴を得るのは難しい。

だが否定され、断罪された歴史の領域に入った過去にも、現代のように行き詰まった時代には、彼の生命を賭して闘った輝きが眩しくもある。それは世界共産主義革命という夢想であっても、私利私欲のためではない、国家・民を救おうとした志には、時代を超えた美学を見出すことは可能である。『ドン・キホーテ』の作者ミゲール・セルバンテスは、「人生は幻想と空しさの集積である」と言ったが、尾崎の生涯とあい重なる。

尾崎秀実を書くに当たって、彼の諜報活動に使った情報源を特定化することは至難の業であった。とくに尾崎の場合は、自身の見解を先ず前面に押し出してくるので、余計に情報源がみえにくい。さらに本音と建前を使い分けるから、幾層にもわたる思考回路をたどることは難しい。

尾崎の評論は出揃っているが、中国共産党、コミンテルン側との文献を比較して、尾崎の実像をもっと鮮明にしたいところである。ロシアの文献がある程度出てきている今日、中国でもインテリジェンスの問題について学術的に研究する機運が高まりつつあるといわれるが、ゾルゲ事件にかかわる資料のさらなる出現が待たれるところである。

当時のソ連が仕掛けた対日戦略のなかで発覚したゾルゲ事件は、ほんの一部にすぎなかったという事情もある。いずれにしてもソ連による諜報活動の全体像の解明、ゾルゲ事件の研究はまだ道半ばであり、周辺部への人間たちへ光が当てられてきているが、これからさらに進んでいくと思われる。

筆者は昭和史の暗闇に登場した人物に関心をもっているが、そのなかでも尾崎秀実はわかりにくく、その分、かえって魅力的な人物である。

獄中の尾崎と家族の間を往復した書簡には、裃《かみしも》を脱ぎ去った人間尾崎の姿が現われ、別の強力なカクテル光線を放って、その魅力が浮き彫りになる。

書簡を纏めた『愛情はふる星のごとく』の刊行実現に中心的役割を果たした松本慎一は、いささか感傷的に過ぎ、尾崎を絡めた「革命」というフレーズに違和感を覚える難点はあるが、情感を込めて書いている。

尾崎は流星のごとく現われ、流星のごとく消え去った。だがそれは愛の星であった。この星のゆくところ、人々の胸には愛の灯が点ぜられた。革命は愛から起る。尾崎が数知れぬ人々の胸に点じた愛の灯が、日本民主革命の原動力とならぬことがあり得ようか。

人の評価はそれぞれの立場によって異なるものである。ゾルゲ事件が発覚してから七十年以上もたつと、その間に人の証言さえも、まわりの状況変化によって、常に一様というわけではない。とくに戦前の証言と、権力構造の崩壊によって何でも言える世の中になった戦後の証言内容では、解釈のポイントをどこに置けばいいのか、本書を書くに当たって悩ませられた。

そもそもインテリジェンスの世界は、人の心の中まで読み取るには限界がある。題材が重かったせいもあるが、筆者には本書を書き終えた後の尾崎の人物像に、爽快感を感じられなかったことを告白しなければならない。

それでも激動の時代を精いっぱい生きた人間には今も独特の魅力があり、不思議な輝きを失っていない。尾崎が終戦まで生きながらえていれば、即座に自由の身となり、どんな活躍をしただろうかと、思わずにはいられないのである。

二〇一五年十二月

太田尚樹

参考文献

石垣綾子『回想のスメドレー』（みすず書房、一九六七年）
石川達三『生きている兵隊』（伏字復元版）（中公文庫、二〇〇四年）
石堂清倫編『現代史資料』24、ゾルゲ事件㈣（みすず書房、一九六二年）
石堂清倫共著『十五年戦争と満鉄調査部』（原書房、一九八六年）
伊藤三郎『開戦前夜の「グッバイ・ジャパン」』（現代企画室、二〇一〇年）
伊藤武雄『満鉄に生きて』（勁草書房、一九六四年）
伊藤律書簡集刊行委員会『生還者の証言—伊藤律書簡集』（五月書房、一九九九年）
今井清一『開戦前夜の近衛内閣—満鉄「東京時事資料月報」の尾崎秀実政治情勢報告』（青木書店、一九九四年）
内山完造『花甲録』（平凡社、二〇一一年）
NHK取材班・下斗米伸夫『国際スパイ　ゾルゲの真実』（角川書店、一九九二年）
太田尚樹『伝説の日中文化サロン　上海・内山書店』（平凡社新書、二〇〇八年）
太田尚樹『赤い諜報員』（講談社、二〇〇七年）
太田尚樹『満州と岸信介』（KADOKAWA、二〇一五年）
尾崎秀樹『生きているユダ』（番町書房、一九六六年）
尾崎秀実『回想の尾崎秀実』（勁草書房、一九七九年）

尾崎秀実『現代支那批判』（中央公論社、一九三六年）
尾崎秀実「南京政府論」『中央公論』昭和十二年九月号（中央公論社、一九三七年）
尾崎秀実「敗北支那の進路」『改造』昭和十二年十一月号（改造社、一九三七年）
荻野富士夫『外務省警察史』（校倉書房、二〇〇五年）
小尾俊人編『現代史資料』1～3、ゾルゲ事件㈠～㈢（みすず書房、一九六二年）
海江田久孝『ゾルゲ事件と特高―或る被害者の手記』（非売品、一九七五年）
風間道太郎『尾崎秀実伝』（法政大学出版局、一九七六年改訂版）
風間道太郎『ある反逆』（至誠堂、一九五九年）
加藤哲郎『情報戦と現代史』（花伝社、二〇〇七年）
川合貞吉『ある革命家の回想』（新人物往来社、一九七三年）
川成　洋『紳士の国のインテリジェンス』（集英社新書、二〇〇七年）
岸　信介『私の履歴書』（日本経済新聞社、一九五九年）
草柳大蔵『実録満鉄調査部』上・下（朝日新聞社、一九七九年）
具島兼三郎『どん底のたたかい　私の満鉄時代』（九州大学出版会、一九八〇年）
具島兼三郎『奔流―わたしの歩いた道』（九州大学出版会、一九八一年）
近衛文麿『平和への努力』（日本電報通信社、一九四六年）
斎藤道一『ゾルゲの二・二六事件』（田畑書店、一九七七年）
酒井三郎『昭和研究会』ティビーエス・ブリタニカ、一九七九年）

白井久也『米国公文書　ゾルゲ事件資料集』（社会評論社、二〇〇七年）

瀬島龍三『幾山河―瀬島龍三回想録』（産経新聞ニューサービス、一九九六年）

全国憲友会編『日本憲兵正史』（全国憲友会連合会、一九七六年）

竹内金太郎「尾崎秀実は間諜に非ず」『復刻版新人物往来別冊付録』（新人物往来社、二〇〇八年）

竹内好・野原四郎ほか編『尾崎秀実著作集』一～五巻（勁草書房、一九七七～八五年）

武田大典『私の知っている尾崎秀実・王学文・野坂参三』（渡部富哉・高木康行インタビュー記録、二〇〇五年）

柘植秀臣『東亜研究所と私』（勁草書房、一九七九年）

鶴見俊輔対談集『日米交換船』（新潮社、二〇〇六年）

鶴見祐輔『後藤新平伝』一～四巻（後藤新平伯伝記編纂会、一九三七～三八年）

東京刑事地方裁判所検事局思想部資料『尾崎秀実の革命の展望等に関する供述』（一九四二年）

中西功『中国革命の嵐の中で』（青木書店、一九七四年）

中村絹次郎（ペンネーム山村八郎）『ソ連はすべてを知っていた―ゾルゲ・尾崎赤裸の全貌』（紅林社、一九四九年）

日露歴史研究センター編『ゾルゲ事件関係外国語文献翻訳集　21～38』（二〇〇九～一三年）

新渡戸稲造『内観外望』（実業之日本社、一九三三年）

羽仁五郎『羽仁五郎戦後著作集』の『日本の現代史』（現代史出版会、一九八一年）

福本勝清『中西功訊問調書』（亜紀書房、一九九六年）

松本清張『日本の黒い霧』（文藝春秋、一九七二年）
丸山　昇『ある中国特派員』（田畑書店、一九九七年）
満鉄調査部編『支那抗戦力調査報告』（三一書房、一九七〇年）
みすず書房編集部『ゾルゲの見た日本』（みすず書房、二〇〇三年）
三田村武夫『戦争と共産主義─昭和政治秘録』（民主制度普及会、一九五〇年）
宮下　弘『特高の回想』（田畑書店、一九七八年）
宮西義雄『満鉄調査部と尾崎秀実』（亜紀書房、一九八三年）
森山　喬「洒落男・尾崎秀実」『文藝春秋　臨時増刊号』（一九五五年六月）
安田徳太郎『思い出す人びと』（青土社、一九七六年）
横浜弁護士会・国家秘密等情報対策委員会編『ゾルゲ事件判決を読む』（一九九七年）
米谷匡史編『尾崎秀実時評集』（平凡社東洋文庫、二〇〇四年）
渡部富哉『偽りの烙印』（五月書房、一九九三年）
渡部富哉「尾崎秀実の後継諜報員として摘発された野沢房二の孤高な闘い」、「尾崎秀実と中共諜報団」、「尾崎秀実の上海時代の秘話」、「尾崎秀実は日本共産党員だった」、「ゾルゲ事件の真相究明から見えてくるもの」『渡部富哉論文集』（社会運動資料センター、二〇〇八～一〇年）
アイノ・クーシネン、坂内知子訳『革命の堕天使たち』（平凡社、一九九二年）
アグネス・スメドレー、高杉一郎訳『中国の歌ごえ』（みすず書房、一九六三年）

ジョセフ・ニューマン、篠原成子訳『グッバイ・ジャパン』（朝日新聞社、一九九三年）
ジョセフ・グルー、石川欣一訳『滞日十年』上・下（毎日新聞社、一九四八年）
チャルマーズ・ジョンソン、萩原実訳『尾崎・ゾルゲ事件―その政治学的研究』（弘文堂、一九六六年）
チャールズ・ウィロビー、福田太郎訳『赤色スパイ団の全貌』（東西南北社、一九五三年）
F・W・ディーキン、G・R・ストーリィ、河合秀和訳『ゾルゲ追跡』（筑摩書房、一九八〇年）
マリヤ・コレスニコワ、ミハイル・コレスニコフ、中山一郎訳『リヒャルト・ゾルゲ―悲劇の諜報員』（朝日新聞社、一九七三年）
ロバート・ワイマント、西本正明訳『ゾルゲ　引き裂かれたスパイ』上・下（新潮文庫、二〇〇三年）
Grew, Joseph「personal notes」(Harvard University 1931-1941)

【採録した資料館】ワシントン国立公文書館／ハーヴァード大学ホートゥン図書館

著者略歴
一九四一年　東京都に生まれる
一九六五年　東京水産大学(現東京海洋大学)卒業
カリフォルニア大学サンフランシスコ校、同バークレー校留学(一九六七〜七一年)、スペイン・マドリッド大学留学(一九七二〜七六年)を経て、
現在　東海大学名誉教授

〔主要著書〕
『満州裏史』(講談社、二〇〇五年)
『赤い諜報員』(講談社、二〇〇七年)
『愛新覚羅王女の悲劇』(講談社、二〇〇九年)
『駐日米国大使ジョセフ・グルーの昭和史』(PHP研究所、二〇一三年)
『満州と岸信介』(KADOKAWA、二〇一五年)

尾崎秀実とゾルゲ事件
近衛文麿の影で暗躍した男

二〇一六年(平成二十八)三月一日　第一刷発行

著　者　太《おお》田《た》尚《なお》樹《き》
発行者　吉　川　道　郎
発行所　株式会社　吉川弘文館
郵便番号一一三—〇〇三三
東京都文京区本郷七丁目二番八号
電話〇三—三八一三—九一五一〈代表〉
振替口座〇〇一〇〇—五—二四四番
http://www.yoshikawa-k.co.jp/
組版・製作＝本郷書房
印刷＝亜細亜印刷株式会社
製本＝株式会社 ブックアート
装幀＝古川文夫

ISBN978-4-642-08291-4

古書通信手帖

アイン・ランド『水源』

古屋美登里 訳・解説

（車輌番外）

アイン・ランドの『水源』は、1943年に刊行された、アメリカ文学史上の金字塔ともいうべき作品。中国、ドイツでは国家が買い上げるほどの売れ行きを示したが、日本では国家規模の「冷遇」を受け続けた大傑作である。今回、古屋美登里の訳・解説によりついに邦訳が実現。

古屋美登里 訳・解説
2005年3月刊／本体3000円

アメリカ現代史のなかの日本軍兵士

筒井清忠 著

日本軍兵士を中心に、日本軍と中国国民党軍との戦闘の実態を明らかにする。さらに戦後の問題にも言及する。

筒井清忠 著
2005年3月刊／本体3000円

古屋美登里 人物論集（編集者）

古屋美登里の人物論集。政治家、評論家、作家、画家、そのほか現代の人物を幅広く取り上げる。経済界の指導者、作家、学者、評論家、ジャーナリストなど幅広い職業に及ぶ。

四六判／330頁／本体3300円